コピーキャット

2013年 2 月21日　発行

監訳者　井上達彦
訳　者　遠藤真美
発行者　山縣裕一郎

発行所　〒103-8345
東京都中央区日本橋本石町 1-2-1　東洋経済新報社
電話　東洋経済コールセンター03(5605)7021

印刷・製本　ベクトル印刷

Printed in Japan　ISBN 978-4-492-53321-5　http://www.toyokeizai.net/

［著者紹介］

オーデッド・シェンカー（Oded Shenkar）

オハイオ州立大学フィッシャー・カレッジ教授．エルサレム・ヘブライ大学で東アジア研究と社会学の学位，コロンビア大学で博士号を取得．博士論文では，社会学，企業経営，東アジア研究の観点から，中国の官僚制度を論じる．フォード・モーター社グローバル・ビジネス・マネジメント担当理事を兼務．ケンブリッジ大学，バーミンガム大学，北京大学，対外経済貿易大学（北京），IDC（イスラエル），国際大学（日本）など，世界の数多くの大学でも教鞭をとる．専門は国際経営・異文化マネジメント．元国際ビジネス学会副会長兼フェロー．

主な著書に，*The Chinese Century*（Wharton School Publishing，12カ国語に翻訳），*International Business*（共著，Wiley，Sage［第2版］）がある．*Academy of Management Review* や *Academy of Management Journal* など，主要な学術誌に100本近い論文を寄稿している．著者の研究は，欧米・アジアの主要新聞・雑誌，テレビでも紹介されている．本書は10カ国語に翻訳されている．

［監訳者紹介］

井上達彦（いのうえ・たつひこ）

早稲田大学商学学術院教授．1968年兵庫県生まれ．92年横浜国立大学経営学部卒業，94年神戸大学大学院経営学修士課程修了，97年同経営学博士（Ph.D.）．駿河台大学経済学部講師，広島大学大学院社会科学研究科助教授などを経て，2008年より現職．経済産業研究所（RIETI）ファカルティフェロー，ペンシルベニア大学ウォートンスクール・シニアフェローを兼務．専門分野は，競争戦略とビジネスシステム（ビジネスモデル）．

主な著書に，『情報技術と事業システムの進化』（白桃書房），『模倣の経営学』（日経BP社），『事業システム戦略』『キャリアで語る経営組織』（ともに共著，有斐閣）などがある．

［訳者紹介］

遠藤真美（えんどう・まさみ）

翻訳者．主な訳書に，ティム・ハーフォード『アダプト思考』（武田ランダムハウスジャパン），ジャスティン・フォックス『合理的市場という神話』（東洋経済新報社），リチャード・セイラー／キャス・サンスティーン『実践行動経済学』，リチャード・ブックステーバー『市場リスク　暴落は必然か』（ともに日経BP社）がある．

[原注]

第1章

1. Hogan, D. G. (2007) *Selling'em by the Sack: White Castle and the Creation of American Food*, NYU Press; Rivkin, J. W. (2001) "Reproducing Knowledge: Replication without Imitation at Moderate Complexity," *Organization Science*, 12(3): 274-293; Big Bite (2008) *Economist*, Apr. 26, p.107.
2. Adamy, J. (2007) "Yum Uses McDonald's as Guide in Bid to Heat Up Sales," *Wall Street Journal*, Dec. 13, A21.
3. Teece, D. (1986) "Profiting from Technological Innovation: Implications for Integration, Collaboration, Licensing and Public Policy," *Research Policy*, 15: 285-305.
4. ステーブン・P・シュナースがパイオニアに打ち勝った後発参入の事例を多数紹介している. Schnaars, S. P. (1994) *Managing Imitation Strategies: How Late Entrants Seize Markets from Pioneers*, Free Press(邦訳『創造的模倣戦略——先発ブランドを超えた後発者たち』恩蔵直人ほか訳,有斐閣,1996年)を参照のこと.
5. C・コナーへの著者によるインタビュー,2008年10月24日.
6. たとえば,Schnaars(1994)を参照のこと.
7. Mansfield, E., Schwartz, M., and Wagner, S. (1981) "Imitation Costs and Patents: An Empirical Study," *Economic Journal*, 91: 907-918; Levin, R., et al. (1984) Survey Research on R&D Appropriability and Technological Opportunity. Working Paper Part 1: Appropriability, Yale University; Burns, G. (1995) "A Fruit Loop by Any Other Name ...," *Business Week*, Jun. 26: 73-76; Collins-Dodd, C., and Zaichkowsky, J. L. (1999) "National Brand Responses to Brand Imitation: Retailers Versus Other Manufacturers," *Journal of Product and Brand Management*, 8(2): 96-105に引用されている.Belson, K. (2008) "Hertz Tosses Some Car Keys into the Ring, Battling Zipcar," *Wall Street Journal*, Dec. 17, B7.
8. "The Business of Innovation," CNBC, Oct. 5, 2009.
9. The World Bank (2008) *Global Economic Prospects: Technology Diffusion in the Developing World*.
10. Agarwal, R., and Gort, M. (2001) "First-mover Advantage and the Speed of Competitive Entry, 1887-1986," *Journal of Law and Economics*, 44(19): 161-177, 168から引用.
11. The World Bank (2008); Agarwal and Gort (2001); Mansfield, E. (1985) "How Rapidly does New Industrial Technology Leak Out," *Journal of Industrial Economics*, 34(2): 217-223; Mansfield, E. (1961) "Technical Change and the Rate of Imitation," *Econometrica*, 20(4): 741-766; Mansfield, et al. (1981).
12. Parvis, E. N. (2002) *The Pharmaceutical Industry: Access and Outlook*, Nova Science Publishers; Bollier, D. (2002) *Silent Theft: The Private Plunder of Our Common Wealth*, Routledge, p.167; Pan American Health Organization Staff

(2007) *Health in the Americas*, PAHO; World Health Generic Pharmaceutical Association (2007) *IMS National Sales Perspective*, GphA; Frank, R. G., and Seiguer, E. (2003) "Generic Drug Competition in the US: Business Briefing," *Pharmagenerics*, 65-70; Harris, G. (2002) "For Drug Makers, Good Times Yield to a New Profit Crunch," *Wall Street Journal*, Apr. 30, A1.
13. Bowers, P. M. (1989) *Boeing Aircraft Since 1916*, Putnam Aeronautical Books.
14. Drucker, P. F. (2001) *The Essential Drucker*, Harper Business(邦訳『チェンジ・リーダーの条件――いかに成果をあげ,成長するか』上田惇生編訳,ダイヤモンド社,2000年).
15. Coughlan, P. J. (2004) "The Golden Age of Home Video Games: From the Reign of Atari to the Rise of Nintendo," Case 9-704-487, Harvard Business School; Christensen, C. M. (1997) *The Innovator's Dilemma: When New Technologies Cause Great Firms to Fail*, Harvard Business School Press(邦訳『増補改訂版　イノベーションのジレンマ――技術革新が巨大企業を滅ぼすとき』伊豆原弓訳,翔泳社,2001年);Corts, K. S., and Freier, D. (2003) "A Brief History of the Browser Wars," Case 9-703-517, Harvard Business School; Bryman, A. (1997) "Animating the Pioneer Versus Late Entrant Debate: An Historical Case Study," *Journal of Management Studies*, 34(3): 415-438; Lewin, A., and Massini, S. (2003) "Knowledge Creation and Organizational Capabilities of Innovating and Imitating Firms"(6月12～14日にコペンハーゲンで開かれた「知識の創出・共有・移転に関するドルイド・サマー・カンファレンス」に提出されたペーパー).
16. Knowledge@Wharton (2006) "Where will Indian Drug Companies be in Five Years? Everywhere—If They Innovate"(Knowledge@Whartonがベイン&カンパニーと共同執筆したレポート)< www.bain.com/bainweb/pdfs/cms/marketing/bain%20India%20Pharma%20FINAL%203-21-06.pdf>.
17. Nordhaus, W. D. (2004) "Schumpeterian Profits in the American Economy: Theory and Measurement," Discussion Paper 1457, Cowles Foundation.
18. Bryman (1997).
19. Bessen, J., and Maskin, E. (2000) "Sequential Innovation, Patents and Imitation," Working Paper, Department of Economics, MIT; Schwartz, M. A. (1978) *The Imitation and Diffusion of Industrial Innovations*, University of Michigan Press; Mansfield, Schwartz, and Wagner (1981); Levin, et al. (1984).
20. Tsai, T., and Johnson, I. (2009) "As Giants Step in, Asustek Defends a Tiny PC," *Wall Street Journal*, May 2, B1.
21. Nordhaus (2004); Bayus, B. L., Erickson, G., and Jacobson, R. (2003) "The Financial Rewards of New Product Introductions in the Personal Computer Industry," *Management Science*, 49(2): 198; Mansfield, E., Rapoport, J., Schnee, J., Wagner, S., and Hamburger, M. (1971) *Research and Innovation in the Modern Corporation*, Norton.
22. Levitt, T. (1966a) "The Management of Reverse R&D or How to Imitate Your Competitor's Products before it's Too Late," *Harvard Business Review*, Sep.-Oct., 33-37; 33から引用.

23. Utterback, J. M. (1994) *Mastering the Dynamics of Innovation*, Harvard Business School Press (邦訳『イノベーション・ダイナミクス――事例から学ぶ技術戦略』大津正和・小川進監訳,有斐閣,1998年).
24. Lewis, M., Rai, A., Forquer, D., and Quinter, D. (2007) "UPS and HP: Value Creation Through Supply Chain Partnerships," Case Study 907D02, Ivey School of Business; Hout, Thomas M. (2006) "HP's Computer Business: Can it compete?" Case HKU558, University of Hong Kong, Asia Case Research Center.
25. Rollins, Kevin (2007) "The Wal-Mart of High Tech? Interview by Bill Breen," *Fast Company*. Mansueto Ventures LLC <http://www.fastcompany.com/magazine/88/dell-rollins.html>.
26. Carr, N. G. (2006) "How to Be a Smart Innovator," *Wall Street Journal*, Sep. 11, R7.
27. Moritz, S. (2008) "Michael Dell Not Enough to Boost Dells," CNNMoney.com, Feb. 28.
28. Loftus, P. (2008) "Pfizer Eyes Bigger Push into Generics," Dow Jones Newswires, Oct. 16.
29. Rockoff, J. D. (2009) "Drug Firm Leaves R&D to Others," *Wall Street Journal*, Mar. 2, B6.
30. L・ノウェルへの筆者によるインタビュー,2009年1月12日.
31. G・クロイドへの筆者によるインタビュー,2009年2月4日.
32. K・クラークへの筆者によるインタビュー,2008年12月11日.
33. クロイドへのインタビュー.
34. ノウェルへのインタビュー.
35. Nunes, P. F., Mulani, N. P., and Gruzin, T. J. (2007) "Leading by Imitation," *Outlook*, 1: 1-9.

第2章

1. Yando, R., Seitz, V., and Zigler, E. (1978) *Imitation: A Developmental Perspective*, Lawrence Elbaum.
2. Michael Tomasello, as cited in Hurley, S., and Chater, N. (2007) "Introduction: The importance of imitation," in *Perspectives on Imitation: From Neuroscience to Social Science*, eds. S. Hurley and N. Chater, The MIT Press.
3. Diamond, J. (2005) *Guns, Germs and Steel*, Norton(邦訳『銃・病原菌・鉄〈上・下〉――1万3000年にわたる人類史の謎』倉骨彰訳,草思社,2000年).
4. Ibid, p.407.
5. Rosenberg, N. (1976) *Perspectives on Technology*, Cambridge University Press; Rosenberg, N. (1982) *Inside the Black Box: Technology and Economics*, Cambridge University Press, Schmitz, J. A. (1989) "Imitation, Entrepreneurship, and Long-run Growth," *Journal of Political Economy*, 97(3): 721-739に引用され

ている.Pennington, A. Y. (2006) "Copy That: In Business, Imitation is More than a Form of Flattery," *Entrepreneur Magazine*, Mar.
6. Mokyr, J. (1990) *The Lever of Riches*, Oxford University Press, 188; Berg, M. (2002) "From Imitation to Invention: Creating Commodities in Eighteenth Century Britain," *Economic History Review*, LX(1): 1-30に引用されている.
7. Muckelbauer, J. (2003) "Imitation and Invention in Antiquity: An Historical-theoretical Revision," *Rhetorica*, 3: 61-88.
8. Berg, M. (2002).
9. Ibid.
10. Sargent, W. R. (2008) "Send Us No More Dragons: Chinese Porcelains and Decorative Arts for the Western Market," Lecture at Ohio State University, Oct. 3の要録より.
11. Westney, E. (1987) *Imitation and Innovation: The Transfer of Western Organizational Patterns to Meiji Japan*, Harvard University Press.
12. Tomasello, M., Kruger, A. C., and Ratner, H. H. (1993) "Cultural Learning," *Behavioral Brain Sciences*, 16: 495-552; Zentall, T. A. (2006) "Imitation: Definitions, Evidence, and Mechanisms," *Animal Cognition*, 9: 335-353; Hurely, S. (2004) "Imitation, Media Violence, and Freedom of Speech," *Philosophical Studies*, 117: 165-218; Hurley and Chater (2007), p.1; Byrne, R. W. (2003) "Imitation as Behavior Parsing," *Philosophical Transactions: Biological Sciences*, 358, 1431, 529-536; Zentall, T., and Akins, C. (2001) "Imitation in Animals: Evidence, Function and Mechanisms," in *Avian Visual Cognition*, ed. R. G. Cook, Comparative Cognition Press [online], 2001, http://www.pigeon.psy.tufts.edu/avc/akins/; Brown, J. H., and Kodric-Brown, A. (1979) "Convergence, Competition and Mimicry in a Temperate Community of Hummingbird-pollinated Flowers," *Ecology*, 60(5): 1022-1035; W. H. L. (1870) "Imitation," *Bulletin of the Torrey Botanical Club*, 1(11): 43.
13. Bonner, J. T. (1980) *The Evolution of Cultures in Animals*, Princeton University Press (邦訳『動物は文化をもつか』八杉貞雄訳,岩波書店,1982年); Sirot, E. (2001) "Mate-choice Copying by Females: The Advantages of a Prudent Strategy," *Journal of Evolutionary Biology*, 14: 418-423; Losey, G. S., Stanton, F. G., Tlecky, T. M., and Tyler, W. L. (1986) "Copying Others: an Evolutionary Stable Strategy for Mate Choice: A Model," *American Naturalist*, 128(5): 653-664.
14. T·ルドラムへの著者によるインタビュー,2008年5月8日.
15. Harley and Chater (2007); Blackmore, S. (1999) *The Meme Machine*, Oxford University Press (邦題『ミーム・マシーンとしての私(上・下)』垂水雄二訳,草思社,2000年); Zentall, (2006); Alex the African Grey (2007) *Economist*, Sep. 22, 103; Iacoboni, M. (2008) *Mirroring people*, Straus and Giroux (邦訳『ミラーニューロンの発見——「物まね細胞」が明かす驚きの脳科学』塩原通緒訳,早川書房,2011年).
16. Yando, et al. (1978); Bandura, A. (1977) *Social Learning Theory*, Prentice-Hall (邦訳『社会的学習理論　人間理解と教育の基礎』原野広太郎訳,金子書房,1979年).社会

学的な見解については,Goffman, E. (1959) *The Presentation of Self in Everyday Life*, Doubleday(邦訳『行為と演技——日常生活における自己呈示』石黒毅訳,誠信書房,1974年);Michael Tomasello, as cited in Hurley and Chater (2007); Iacoboni (2008); Meltzoff, A., and Moore, M. K. (1994) "Imitation, Memory and the Representation of Persons," *Infant Behavior and Development*, 17: 83-99; Wohlschlager, A., Gattis, M., and Bekkering, H. (2003) "Action Generated and Action Perception in Imitation: An Instance of the Ideomotor Principle," *Philosophical Transactions Review Society of London*, B358: 501-515 (Gfallese, V. [2003] "The Manifold Nature of Interpersonal Relations: The Quest for a Common Mechanism," *Philosophical Transactions: Biological Sciences*, 358(1431): 517-528に引用)を参照のこと.

17. Yando, et al. (1978); Byrne, R. W. (2005) "Social Cognition: Imitation, Imitation, Imitation," *Current Biology*, 15(13): R498-500; Whiten, A. (2005) "The Imitative Correspondence Problem: Solved or Sidestepped?," in *Perspectives on Imitation*, eds. Hurley and Chater, 220; Harley and Chater (2007) 2; Byrne (2003); Rizzolatti, G., and Sinigaglia, C. (2008) *Mirrors in the Brain: How Our Minds Share Actions and Emotions*, Oxford University Press(邦訳『ミラーニューロン』柴田裕之訳,紀伊國屋書店,2009年).
18. Gombrich, E. H. (2002) *Art and Illusion: A Study in the Psychology of Pictorial Representation*, Phaidon (邦訳『美術と幻影——絵画的表現の心理学的研究』瀬戸慶久訳,岩崎美術社,1979年);Danto, A. C. (1981) *The Transfiguration of the Commonplace: A Philosophy of Art*, Harvard University Press; Olson, E. (1952) "The Poetic Method of Aristotle," in *English Institute Essays*, ed. A. S. Downer, English Institute.アリストテレスのほうが模倣の長所を認めていたとの指摘がある.Jenkins, I. (1942) "Imitation and Expression in Art," *Journal of Aesthetics and Art Criticism*, 2(5): 42-52; Harkness, B. (1954) "Imitation and Theme," *Journal of Aesthetics and Art Criticism*, 12(4): 499-508; Coomaraswamy, A. K. (1945) "Imitation, Expression, and Participation," *Journal of Aesthetics and Art Criticism*, 3(11/12): 62-72, 64から引用.
19. Child, A. (1952) "History as Imitation," *Philosophical Quarterly*, 2(8): 193-207.
20. Berg, M. (2002).
21. Galef, B. (2005) "Breathing New Life into the Study of Imitation by Animals: What and When do Chimpanzees Imitate?" in *Perspectives on Imitation*, eds. Hurley and Chater, 296; Hurley and Chater (2007); Meltzoff, A. N., and Docety, J. (2003) "What Imitation Tells Us about Social Cognition: A Rapprochement between Developmental Psychology and Cognitive Neuroscience," *Philosophical Transactions: Biological Sciences*, 358(1431): 491-500; Byrne, R. W., and Russon, A. E. (1998) "Learning by Imitation: A Hierarchical Approach," *Behavioral and Brain Science*, 21: 667-721; Iacoboni (2008); Byrne, R. W. (2005) "Detecting, Understanding, and Explaining Imitation by Animals." in

Perspectives on Imitation, eds. Hurley and Chater, 1-52; Zentall (2006).
22. Byrne (2003); Meltzoff, A. N., and Prinz, W., eds., (2002) *The Imitative Mind: Development, Evolution, and Brain Bases*, Cambridge University Press; Chaminade, T. J., Grezes, J., and Meltzoff, J. (2002) "A PET Exploration of Neural Mechanisms Involved in Reciprocal Imitation," *NeuroImage*, 15: 265-272; Kymissis, E., and Poulson, C. L. (1990) "The History of Imitation in Learning Theory; The Language Acquisition Process," *Journal of the Experimental Analysis of Behavior*, 54: 113-127; Hurely (2004); Yando, et al. (1978).
23. Jensen, M. (2000) *A Theory of the Firm: Governance, Residual Claims, and Organizational Forms*, Harvard University Press.
24. Bikchandani, S., Hirschleifer, D., and Welch, I. (1992) "A Theory of Fads, Fashion, Custom, and Cultural Change as Informational Cascades," *Journal of Political Economy*, 100(5): 992-1026.
25. Alchian, A. A. (1977) *Economic Forces at Work*, Liberty Press; Bikchandani, S., Hirschleifer, D., and Welch, I. (1992) "A Theory of Fads, Fashion, Custom and Cultural Change as Informational Cascades," *Journal of Political Economy*, 100(5): 992-1026; K. H. Schlag, "Why Imitate, and if So, How," *Journal of Economic Theory*, 78: 130-156.
26. Kandori, M. G., Mailath, G., and Rob, R. (1993) "Learning, Mutation, and Long Run Equilibria in Games," *Econometrica*, 61, 29-56; Gregoire, P., and Robson, A. (2003) "Imitation, Group Selection, and Cooperation," *International Game Theory Review*, 5(3): 229-247; De Marchi, N., and Van Miegroet, H. J. Ingenuity, "Preference and the Pricing of Pictures: The Smith-Reynolds Connection," in *Economic Engagements with Art*, eds. D. De Marchi and C. C. W. Goodwin, University of North Carolina Press, pp.379-412;Berg (2002)に引用されている.
27. Schumpeter, J. (1934) *The Theory of Economic Development*, Harvard University Press, p.133 (邦訳『経済発展の理論——企業者利潤・資本・信用・利子および景気の回転に関する一研究(上・下)』塩野谷祐一ほか訳,岩波文庫,1977年).
28. Ibid.
29. Mata, J., and Portugal, P. (1994) "Life Duration of New Firms," *Journal of Industrial Economics*, XLII(3): 227-245; Geroski, P. A. (1994) *Market Structure, Corporate Performance and Innovative Activity*, Clarendon Press; Cooper, R. G. (1979) "The Dimensions of New Product Success and Failure," *Journal of Marketing*, 43: 93-103; Dillon, W. R., Calantore, R., and Worthing, P. (1979) "The New Product Problem: An Approach to Investigating Product Failures," *Management Science*, 25: 1184-1196; Glazer, A. (1985) "The Advantage of Being First," *American Economic Review*, 75(3): 473-480; Bryman, A. (1997) Animating the Pioneer Versus Late Entrant Debate: An historical Case Study," *Journal of Management Studies*, 34(3): 415-438; Golder, P. N., and Tellis, G. J.

(1993) "Pioneer Advantage: Marketing Logic or Marketing Legend?" *Journal of Marketing Research*, 30: 158-170; Mitchell, W. (1991) "Dual Clocks: Entry Order Influences on Incumbent and Newcomer Market Share and Survival When Specialized Assets Retain Their Value," *Strategic Management Journal*, 12: 85-100; Carpenter, G. S., and Nakamoto, K. (1989) "Consumer Preference Formation and Pioneering Advantage, *Journal of Marketing Research*, 26: 285-298; Schmalensee, R. (1982) "Product Differentiation Advantages of Pioneering Brands," *American Economic Review*, 72(3): 349-365; Kerin, R. A., Varadarajan, P. R., and Peterson, R. A. (1992) "First Mover Ddvantage: A Synthesis, Conceptual Framework, and Research Propositions," *Journal of Marketing*, 56: 33-52, Cho, D. S., Kim, D. J., and Rhee, D. K. (1998) "Latecomer Strategies: Evidence from the Semiconductor Industry in Japan and Korea," *Organization Science*, 9(4): 489-505に引用されている; Rogers, E. M. (1995) *Diffusion of Innovations*, The Free Press (邦訳『イノベーションの普及』三藤利雄訳,翔泳社,2007年);Makadok, R. (1998) "Can First-mover and Earlymover Advantages be Sustained in an Industry with Low Barriers to Entry/imitation?" *Strategic Management Journal*, 19, 983-996; Barro, R. J., and Sala-I-Martin, X. (1997) "Technological Diffusion, Convergence, and Growth," *Journal of Economic Growth*, 2: 1-27; Robinson, W. T., Kalyanaram, G., and Urban, G. L. (1994) "First-mover Advantages from Pioneering New Markets: A Survey of Empirical Evidence," *Review of Industrial Organization*, 9: 1-23; Suarez, F. F., and Lanzolla, G. (2007) "The Role of Environmental Dynamics in Building a First Mover Advantage Theory," *Academy of Management Review*, 32(2): 377-392; Szymanski, D. M., Kroff, M. W., and Troy, L. (2007) "Innovativeness and New Product Success: Insights from the Cumulative Evidence," *Journal of the Academy of Marketing Sciences*, 35: 49.

30. McEvily, S., and Chakravarty, B. (2002) "The Persistence of Knowledge-based Advantage: An Empirical Test for Product Performance and Technological Knowledge," *Strategic Management Journal*, 23: 285-305, Lewin, A., and Massini, S. (2003) "Innovators and Imitators: Organizational Reference Groups and Adoption of Organizational Routines." 6月12～14日にコペンハーゲンで開かれた知識の創出・共有・移転に関するドルイド・サマー・カンファレンスに提出されたペーパーのp.14に引用されている;Bayus, B. L., Erickson, G., and Jacobson, R. (2003) "The Financial Rewards of New Product Introductions in the Personal Computer Industry," *Management Science*, 49(2): 197-210.
31. Rosenberg, N. (1976) *Perspectives on Technology*, Cambridge University Press.
32. Mansfield, E., Schwartz, M., and Wagner, S. (1981) "Imitation Costs and Patents: An Empirical Study," *Economic Journal*, 91: 907-918.
33. Teece, D. J. (1986) "Profiting from Technological Innovation: Implications for Integration, Collaboration, Licensing and Public Policy," in *The Competitive*

Challenge: Strategies for Industrial Innovation and Renewal, ed. D. J. Teece, Ballinger(邦訳『競争への挑戦——革新と再生の戦略』石井淳蔵ほか訳,白桃書房,1988年).
34. Cho, H. H., Jeong, B., and Lim, S. (2005) *The Digital Conqueror: Samsung Electronics*, Maeil Economics News Press (in Korean), Chang, S. J. (2008) *Sony vs. Samsung: The Inside Story of the Electronics Giants' Battle for Global Supremacy*, Wileyに引用されている (邦訳『ソニー VS. サムスン——組織プロセスとリーダーシップの比較分析』日本経済新聞出版社,2009年).
35. ノウェルへのインタビュー.
36. Levitt, T. (1966a) "Innovation and Imitation," *Harvard Business Review*, Sep.-Oct.: 63-70.
37. Iacoboni (2008); Hurley and Chater (2007).
38. Comin, D., and Hobijn, B. (2003) "*Cross-country Technology Adoption: Making the Theories Face the Facts,*" Federal Reserve Bank of New York Staff Reports No.169.
39. Rosenberg, N., and Steinmueller, W. E. (1988) "Why are Americans Such Poor Imitators?" Papers and Proceedings of the 100th Annual Meeting of the American Economic Association, 229-234.
40. Ibid.; Dumaine, B. (1991) "Closing the Innovation Gap," *Fortune*, Dec. 2, Arayama, Y., and Mourdoukoutas, P. (1999) *China Against Herself: Innovation or Imitation in Global Business?*, Quorumに引用されている.
41. OECD (1968) *Gaps in Technology: General Report*, 14, cited in B. Godin, "The Rise of Innovation Surveys: Measuring a Fuzzy Concept," Project on the History of Sociology of STI Statistics, Working Paper No.16, Routledge.
42. Ibid.; Freeman, C. (1965) "Research and Development in Electronic Capital Goods," *National Institute of Economic Review*, 14 (Nov.): 40-97. Usselman, S. W. (1993) "IBM and its imitators," *Business and Economic History*, 22(2): 17にも引用されている.

第3章

1. Diamond (2005); Westney (1987).
2. Bonabeau, E. (2004) "The Perils of the Imitation Age," *Harvard Business Review*, Jun.: 45-54.
3. J·オブライエンへの筆者によるインタビュー,2008年12月16日.
4. S·ダンフィールドへの筆者によるインタビュー,2008年11月18日.
5. Diamond (2005).
6. Data Monitor (2008) *Toys and Games in the United States: Industry Profile*, 0072-0778, Jan., Table 4, 12.
7. The World Bank (2008) *Global Economic Prospects 2008: Technology Diffusion in the Developing World*.

8. C･コートへの筆者によるインタビュー,2008年3月5日.
9. Diamond (2005).
10. Comin, D., and Hobijn, B. (2003) *Cross-country Technology Adoption: Making the Theories Face the Facts*, Staff Report, No.169, Federal Reserve Bank of New York; Yorgaso, D. R. (2007) "Research and Development Activities of US Multinational Companies," *Survey of Current Business*, Mar.
11. Zeng, M., and Williamson, P. J. (2007) *Dragons at Your Door: How Chinese Companies Will Disrupt Global Competition*, Harvard Business School Press.
12. Lawton, C., Kane, Y. I., and Dean, J. (2008) "US Upstart Takes on TV Giants in Price Wars," *Wall Street Journal*, Apr. 15, A1; Shenkar, O. (2004) *The Chinese Century*, Wharton School Publishing.
13. Aeppel, T. (2008) "US Shoe Factory Finds Supplies are Achilles' Heel," *Wall Street Journal*, Mar. 3, B1.
14. Karhu, K., Taipale, O., and Smolander, K. (2007) *Outsourcing and Knowledge Management in Software Testing*, 11th International Conference on Evaluation and Assessment in Software Engineering, April 2-3, Keele University, Staffordshire, U.K.
15. Balconi, M. (2002) "Tacitness, Codification of Technological Knowledge and the Organization of Industry," *Research Policy*, 31, 357-379; Hurley, S., and Chater, N., eds. (2007)*Perspectives on Imitation: From Neuroscience to Social Science*, The MIT Press; Cowan, R., and Foray, D. (1997) "The Economics of Codification and the Diffusion of Knowledge. *Industrial and Corporate Change*, 6(3): 611; Cowan, R., David, P. A., and Foray, D. (2000) "The explicit economics of knowledge codification and tacitness," *Industrial and Corporate Change*, 9(2): 211-253; Neisser, U. (1963) "The Imitation of Man by Machine," *Science*, 139(3551): 193-197.
16. C･デーリーへの筆者によるインタビュー,2008年11月18日.
17. Hurley and Chater, eds. (2007).
18. Cowan and Foray (1997).
19. Ibid.
20. Byron, E. (2008) "A New Odd Couple: Google, P&G, Swap Workers to Spur Innovation," *Wall Street Journal*, Nov. 18, 1.
21. Cowan and Foray (1997) p.611.
22. Cowan, et al. (2000).
23. Neisser (1963).戦略に関する論文に共通して見られる傾向として,暗黙知と複雑な知識が混同されている.複雑な知識はコード化に特に適している.裏返せば,複雑だからこそ,コード化して,さまざまな変数や関係性に対処する必要がある.
24. ルドラムへのインタビュー.
25. Diamond (2005) p.407.
26. Cho, D. S., Kim, D. J., and Rhee, D. K. (1998) "Latecomer Strategies: Evidence from the Semiconductor Industry in Japan and Korea," *Organization Science*,

9(4): 489-505.
27. Agarwal, R., and Gort, M. (2001) "First-mover Advantage and the Speed of Competitive Entry, 1887-1986," *Journal of Law and Economics*, XLIV: 161-177.
28. Diamond (2005); Westney (1987); Cho, et al. (1998); Agarwal and Gort (2001); Bryman (1997) pp.415-438.
29. Collins, H. M. (1974) "The TEA Set: Tacit Knowledge in Scientific Networks," *Science Studies*, 4: 165-186, Cowan, et al.(2000)に引用されている.
30. 2007 Generics Report (2007) *Drug Store News*, www.drugstorenews.com, Feb. 12.
31. All Together Now (2008) *Economist*, Jul. 26.
32. Jargon, J., and Zimmerman, A. (2009) "Brand-name Food Makers Woo Retailers with Displays," *Wall Street Journal* (online), Feb. 17.プライベートブランド製造者協会と ACニールセンの報告に言及している.Europe Eats on the Cheap. (2008) *Wall Street Journal*, Sep. 30, B1; ACNielsen (2005) *The Power of Private Label 2005: A Review of Growth Trends around the World*.
33. Mansfield, E., Schwartz, M., and Wagner, S. (1981) "Imitation Costs and Patents: An Empirical Study," *Economic Journal*, 91 (Dec.): 907-918; Levin, R. C., Klevorick, A. K., Nelson, R. R., and Winter, S. G. (1987) "Appropriating the Returns from Industrial Research and Development," *Brookings Papers on Economic Activity*, 3: 783-831.もう1つの研究では,特許による模倣コストの増加率は,医薬品が30%,化学が20%,エレクトロニクスが7%と報告されている.Mansfield, et al.(1981)を参照のこと.
34. You, K., and Katayama, S. (2005) "Intellectual Property Rights Protection and Imitation: An Empirical Examination of Japanese FDI in China," *Pacific Economic Review*, 10(4): 591-604.

第4章

1. Gillen, D., and Lall, A. (2004) "Competitive Advantage of Low Cost Carriers: Some Implications for Airports," *Journal of Air Transport Management*, 10: 41-50.元スカイバス航空会長のビル・ディフェンダーファーの話では,現在ではサウスウエスト航空に賃金の優位性はなく,最近の業績は燃油ヘッジによる利益で押し上げられているという.W・ディフェンダーファーへの筆者によるインタビュー,2008年10月23日.
2. Gittell, J. H. (2003) *The Southwest Airlines Way*, McGraw-Hill.
3. Moorman, R. W., Airlines: ValuJet. 'Southwest without the frills,' *Air Transport World*, 31(9), Sep., 113; "ValueJet Airlines," Kellogg School Case KEI043, Northwestern University.
4. ディフェンダーファーへのインタビュー.
5. Bryant, A. (1995) "Continental is Dropping 'Lite' Service," *New York Times*, Apr. 14.
6. ディフェンダーファーへのインタビュー.

7. Gittell (2003).
8. Beirne, M. (2008) "Ted's Dead," *Brandweek.com*, Jun. 5.
9. Knowledge@Wharton. (2006) What Makes Southwest Airlines Fly.
10. Ibid.; Michaels, D. (2009) "Airline Sector's Woes Slam a Highflier," *Wall Street Journal*, Jul. 2, A8.
11. Speed of Song (2004) Reveries.com.
12. Doganis, R. (2001) *The Airline Business in the 21st Century*, Routledge; Morrell, P. (2005)"Airlines within Airlines: An Analysis of US Network Airline Responses to Low Cost Carriers," *Journal of Air Transport Management*, 11: 303-312.
13. ディフェンダーファーへのインタビュー.
14. Carey, S. (2007) "Canada's WestJet Flies High," *Wall Street Journal*, Jan. 24.
15. Wingfield, K. (2002) "My Stupid Business," *Wall Street Journal*, Sep. 15-16, A9.
16. Renegade Ryanair (2001) *BusinessWeek*, May 14.
17. Wal-mart with Wings (2006) *BusinessWeek*, Nov. 27.
18. Renegade Ryanair (2001).
19. EasyJet UBS 2005 Transport Conference, London, September 19-20, 2005.
20. Gillen, D., and Lall, A. (2004) "Competitive Advantage of Low Cost Carriers: Some Implications for Airports," *Journal of Air Transport Management*, 10: 41-50.
21. Thomas, G. (2007) "Air Asia's New Worlds," *Air Transport World*, Apr.
22. Start Up is Chasing the Long-haul Dream (2008) *Financial Times*, Nov. 26, 25.
23. Ibid.; Michaels (2009).
24. Alaska Air Makes Moves in Fight for Low Operating Costs (2006) *Puget Sound Business Journal*, Dec. 4; How US Airways Vaulted to First Place (2008) *Wall Street Journal*, Jul. 22, D3.
25. Tedlow, R. (1990) *New and Improved: The Story of Mass Marketing in America*, Basic Books (邦訳『マス・マーケティング史』近藤文男監訳,ミネルヴァ書房,1993年);Ortega, B. (1998) *In Sam We Trust*, Times Business / Random House(邦訳『ウォルマート――世界最強流通業の光と影』長谷川真実訳,日経BP社,2000年);Grant, R. M., and Neupert, K. E. (1996) *Cases in Contemporary Strategy Analysis*, Blackwell Publishing, p.88; Stalk, G., Evans, P., and Shulman, L. E. (1992) "Competing on Capabilities: The New Rules of Corporate Strategy," *Harvard Business Review*, Mar.-Apr.: 57-69.
26. Breen, B. (2007) "The Wal-Mart of High Tech?" *Fast Company*, 88, Nov.
27. Walton, S. (1992) *Sam Walton: Made in America, My Story*, Doubleday(邦訳『私のウォルマート商法――すべて小さく考えよ』渥美俊一・桜井多恵子監訳,講談社プラスアルファ文庫);Schnaars, S. P. (2002) *Managing Imitation Strategies: How Later Entrants Seize Markets from Pioneers*, Free Press に引用されている.Haglock, T., and Wells, J. (2007) "The Rise of Wal-Mart Stores Inc. 1962-1987," Case Study

9-707-439, Harvard Business School, Dec. 7.
28. Ortega (1998); Tedlow (1990); Stalk, et al. (1992); Turner, M. L. (2003) *Kmart's Ten Deadly Sins: How Incompetence Tainted an American Icon*, Wiley; Kmart's 20-year Identity Crisis (2002) Research at Penn, Jan. 30; Howell, D. (2003) "Kmart Cuts Hint of Future Strategy: Plans to Emerge from Bankruptcy This Spring," *DSN Retailing Today*, Jan. 27.
29. Nash, K. (2004) "Case study: Dollar General," eWeek.com; Berner, R., and Grow, B. (2004) "Out-discounting the Discounter," *BusinessWeek Online*, http://www.businessweek.com/magazine/content/04_19/b3882086.htm.
30. Hisey, P. (1995) "Best Buy's Success Emulates Wal-Mart's Touch," *Discount Store News*, 34, Jan. 2, pp.17-20; wnbc.com (2008) How Wal-Mart's TV Prices Crushed Rivals, Sep. 16.
31. McWilliams, G. (2007) "Not Copying Wal-Mart Pays off for Grocers," *Wall Street Journal online*, Jun. 6; Walters, S. (2008) "Kroger's Special: Itself," *Wall Street Journal*, May 17-18, B14; Johnson, P. (2006) "Supply Chain Management at Wal-Mart," Case 907D0111-28-2006, Ivey School of Business.
32. Bryman, A. (1997) "Animating the Pioneer Versus Late Entrant Debate: An Historical Case Study," *Journal of Management Studies*, 34(3): 415-438.ワーナー・ブラザーズの部分のみを参照.
33. Reingold, J. (2008) "Target's Inner Circle," CNNMoney.com., Mar. 18.
34. Zimmerman, A. (2007) "Staying on Target," *Wall Street Journal*, May 7, B1.
35. Reingold (2008); Zimmerman (2007).
36. Ramstad, E. (2006) "South Korea's E-mart is no Wal-Mart, Which is Precisely Why Locals Love It," *Wall Street Journal*, Aug. 10, E1.
37. Markoff, J. (1989) "Xerox vs. Apple: Standard 'dashboard' is at Issue," *New York Times*, Dec. 20.
38. Sanger, D. E. (1984) "Import Ban on Apple Imitations," *New York Times*, Feb. 29; Markoff (1989); Haddad, C. (2002) "Where Apple doesn't Play Nice," *BusinessWeek*, May 22; Eliott, S. (2005) "Is Imitation Flattery, Theft or Just Coincidence?," *New York Times*, Oct. 25.
39. Diamond (2005); Utterback (1994).
40. The Best CEOs (2000) *Worth*, May, pp.133-134.
41. Ibid.; "Product Development Strategies for Established Market Pioneers, Early Followers, and Late Entrants," *Strategic Management Journal*, 23: 855-866; Lessons from Apple (2007) *Economist*, Jun. 9.
42. ダンフィールドへのインタビュー.
43. Tsai, T., and Johnson, I. (2009) "As Giants Step in, Asustek Defends a Tiny PC," *Wall Street Journal*, May 1, B1.
44. Wingfield, N., and Guth, R. A. (2006) "Ipod, They Pod: Rivals Imitate Apple's Success," *Wall Street Journal*, Sep. 18, B1.
45. Ibid.; Hau, L. (2008) "iPod Killers," Forbes.com, Jan. 8; Boheret, K. (2007)

"An iPod Rival with an Edge," *Wall Street Journal*, May 2, D10.
46. Maltin, L. (1987) *Of Mice and Magic: A History of American Animated Cartoons*, Plume; Bryman, A. (1997) "Animating the Pioneer Versus Late Entrant Debate: An Historical Case Study," *Journal of Management Studies*, 34(3): 415-438に引用されている.
47. Westney (1987).
48. ノウェルへのインタビュー.

第5章

1. フィロストラトゥスの著述によるティアナのアポロニウスの言葉. Gombrich(2002)に引用されている.
2. Mitchell, R. W. (1987) "A Comparative-developmental Approach to Understanding Imitation," in *Perspectives in ethology*, vol.7, eds. P. P. G. Bateson, and P. H. Klopfer, Plenum, pp.183-215.
3. Levitt, T. (1966a) "Innovation and Imitation," *Harvard Business Review*, Sep.-Oct., 63-70.
4. Schewe, G. (1996) "Imitation as a Strategic Option for External Acquisition of Technology," *Journal of Engineering and Technology Management*, 13: 55-82, 73から引用.
5. デーリーへのインタビュー.
6. ノウェルへのインタビュー.A・フィッシャー(2008年3月24日),L・ウェクスナー(2008年10月2日)への筆者によるインタビュー.
7. Dyer, H. (1904) *Dai Nippon: A Study in National Evolution*, Blackie and Sons(邦訳『大日本——技術立国日本の恩人が描いた明治日本の実像』平野勇夫訳,実業之日本社,1999年) ,pp.425-426; Westney(1987)に引用されている.
8. Quiamzade, A. (2007) "Imitation and Performance in Confrontations between Competent Peers: The Role of the Representation of the Task," *European Journal of Psychology of Education*, 22(3): 243-258.
9. コート,クロイドへのインタビュー.S・ブリエンズ(2008年6月24日),D・シャックルフォード(2008年3月31日)への筆者によるインタビュー.
10. Henderson, R. M., and Clark, K. B. (1990) "Architectural Innovation: The Reconfiguration of Existing Product Technologies and the Future of Established Firms," *Administrative Science Quarterly*, 35: 9-30.
11. ノウェル,ウェクスナーへのインタビュー.
12. Diamond (2005).
13. Levitt (1966a), p.69, 70.
14. ウェクスナーへのインタビュー.
15. Bandura (1977).
16. デーリーへのインタビュー.
17. クロイドへのインタビュー.

18. シャックルフォードへのインタビュー.
19. Miner, A. S., and Haunschild, P. R. (1995) "Population Level Learning," in *Research in Organizational Behavior*, eds. B. M. Staw and L. L. Cummings, JAI Press, pp.115-166; Haunschild, P. R., and Miner, A. S. (1997) "Modes of Interorganizational Imitation: The Effects of Outcome Salience and Uncertainty," *Administrative Science Quarterly*, 42(3): 472-500; Korn, H. J., and Baum, J. A. (1999) "Chance, Imitative and Strategic Antecedents to Multimarket Contact," *Academy of Management Journal*, 42(2): 171-193; Cullen, M. F. (2003) "Experience, Imitation, and the Sequence of Foreign Entry: Wholly Owned and Joint-venture Manufacturing by South Korean Firms and Business Groups in China, 1987-1995," *Journal of International Business Studies*, 34: 185-198; DiMaggio, P. J., and Powell, W. W. (1983) "The Iron Cage Revisited: Institutional Isomorphism and Collective Rationality in Organizational Fields," *American Sociological Review*, 48: 147-160; Henisz, W. J., and Delios, A. (2001) "Uncertainty, Imitation, and Plant Location: Japanese Multinational Corporations, 1990-1996," *Administrative Science Quarterly*, 46: 443-475.
20. Miner and Haunschild (1995); Haunschild and Miner (1997); Korn and Baum (1999); Cullen (2003); DiMaggio and Powell (1983); Henisz and Delios (2001); Westney (1987).
21. Higgs, P. G. (2000) "The Mimetic Transition: A Simulation Study of the Evolution of Learning by Imitation," *Proceedings: Biological Sciences*, 267: 1450, 1355-1361; Zentall (2006).
22. Huber, G. P. (1991) "Organizational Learning: The Contributing Process and the Literatures," *Organization Science*, 2: 88-115; Miner and Haunschild (1995); White, H. C. (1981) "Where do Markets Come from?," *American Journal of Sociology*, 87: 517-547; Porac, J. F., Thomas, H., Wilson, F., Paton, D., and Kanfer, A. (1995) "Rivalry and the Industry Model of Scottish Knitwear Producers," *Administrative Science Quarterly*, 40: 203-229.
23. Pfeffer, J., and Sutton, R. I. (2006) Harvard Business School Working Knowledge, based on the authors', *The Knowing-doing Gap*, Harvard Business School Press, 2000(邦訳『実行力不全――なぜ知識を行動に活かせないのか』菅田絢子訳, ランダムハウス講談社,2005年);Huber (1991); Miner and Haunschild (1995); White (1981); Porac, et al. (1995); Levinthal, D. A., and March, J. G. (1993) "The Myopia of Learning," *Strategic Management Journal*, 14: 95-113; Baum, J. A. C., Li, S. X., and Usher, J. M. (2000) "Making the Next Move: How Experiential and Vicarious Learning Shape the Locations of Chains' Acquisitions," *Administrative Science Quarterly*, 45: 766-801; Rosenberg, N. (1976) *Perspectives on Technology*, Cambridge University Press; Rosenberg, N. (1982) *Inside the Black Box: Technology and Economics*, Cambridge University Press, Schmitz, J. A. (1989) "Imitation, Entrepreneurship, and Long-run Growth,"

Journal of Political Economy, 97(3): 721-739に引用されている.
24. ウェクスナーへのインタビュー.
25. クロイドへのインタビュー.
26. W·キルガロンへの筆者によるインタビュー.
27. ノウェルへのインタビュー.
28. クラークへのインタビュー.
29. ディフェンダーファー,コートへのインタビュー.
30. Altman, L. K. (2008) "A Checklist to Protect Patients in Surgery," *International Herald Tribune*, Jun. 26; Coope, K. (2006) "Getting 'Smart' about Role Models," *Chain Store Age*, Oct., 46-48; Nunes, P. F., Mulani, N. P., and Gruzin, T. J. (2007) "Leading by Imitation," *Outlook*, 1, Jan.
31. Gittell, J. H. (2003) *The Southwest Airlines Way*, McGraw-Hill, p.5.
32. Tedlow (1990).
33. コート,フィッシャーへのインタビュー.
34. シャックルフォードへのインタビュー.
35. Steve Jobs Speaks Out (2008) *CNNMoney / Fortune*, Mar. 6.
36. March, J. G., Sproull, L. S., and Tamuz, M. (1991) "Learning from Samples of One or Fewer," *Organization Science*, 2(1): 1-13; Kim, J. Y., and Miner, A. S. (2007) "Vicarious Learning from the Failures and Near-failures of Others: Evidence from the US Commercial Banking Industry," *Academy of Management Journal*, 50(2): 687-714; Levinthal and March (1993); Miller, D. (1993) "The Architecture of Simplicity," *Academy of Management Review*, 18(1): 116-138.
37. シャックルフォードへのインタビュー.
38. Cho, D. S., Kim, D. J., and Rhee, D. K. (1998) "Latecomer Strategies: Evidence from the Semiconductor Industry in Japan and Korea," *Organization Science*, 9(4): 489-505, 498より引用.
39. クロイドへのインタビュー.
40. ウェクスナー,シャックルフォードへのインタビュー.
41. ブリエンズへのインタビュー.
42. Laswell, M. (2008) "Under the Lid: A Fresh Sales Idea (Review of *Tupperware Unsealed* by Bob Kealing, University of Florida Press, 2008)," *Wall Street Journal*, Jul. 30.
43. Hogan, D. G. (2007) *Selling'em by the Sack: White Castle and the Creation of American Food*, NYU Press; Rivkin, J. W. (2001) "Reproducing Knowledge: Replication without Imitation at Moderate Complexity," *Organization Science*, 12(3): 274-293; Big Bite (2008) *Economist*, Apr. 26, 107.
44. Ortega (1998).
45. Walton and Tedlow (1990)に引用されている.
46. Kimes, M. (2009) "The King of Low Cost Drugs," *Fortune*, Aug. 17.
47. Greenstein, S. (2004) "Imitation Happens," *Micro Economics*, May-Jun.: 67-

69; Agam, Y., Galperin, H., Gold, B. J., and Sekuler, R. (2007) "Learning to Imitate Novel Motion Sequences, *Journal of Vision*, 7(5): 1, 1-17; Teece, D. J. (1977) "Technology Transfer by Multinational Firms: The Resource Cost of Transferring Technological Know-how," *Economic Journal*, 87: 242-261.
48. クラークへのインタビュー.
49. ブリエンズへのインタビュー.
50. Diamond (2005); Westney (1987).
51. Leblebici, H., Salancik, G. R., Copay, A., and King, T. (1991) "Institutional Change and the Transformation of Interorganizational Fields: An Organization History of the US Radio Broadcasting Industry," *Administrative Science Quarterly*, 36: 333-363.
52. Ortega (1998).
53. ウェクスナーへのインタビュー.
54. Gittell (2003).
55. Ibid., p.217.
56. Kim and Miner (2007), p.692.
57. Meltzoff, A. N., and Docety, J. (2003) "What Imitation Tells Us about Social Cognition: A Rapprochement between Developmental Psychology and Cognitive Neuroscience," *Philosophical Transactions: Biological Sciences*, 358(1431): 491-500; March, et al. (1991); Wohlschlager, A., Gattis, M., and Bekkering, H. (2003) "Action Generation and Action Perception in Imitation: An Instance of the Ideomotor Principle," *Philosophical Transactions: Biological Sciences*, 358(1431): 501-515; Byrne (2003); Harley and Chater (2007); Spence, K. W. (1937) "Experimental Studies of Learning and Higher Mental Processes in Infra-human Primates," *Psychological Bulletin*, 34: 806-850; Byrne (2003)に引用されている.
58. Meltzoff and Docety (2003); Kim and Miner (2007); March, et al. (1991); Wohlschlager, et al. (2003); Byrne (2003); Henderson and Clark (1990); Harley and Chater (2007); Spence (1937).
59. シャックルフォードへのインタビュー.
60. McKendrick, D. (1994) "Building the Capabilities to Imitate: Product and Managerial Know-how in Indonesian Banking," *Industrial and Corporate Change*, 3: 513-535.
61. Bryant, A. (1995) "Continental is Dropping 'Lite' Service," *New York Times*, Apr. 14.
62. Ortega (1998).
63. Hof, R. D. (2004) "At P&G, It's 360 Degrees Innovation," *BusinessWeek*, Oct. 11およびクロイドへのインタビューに基づく.
64. ルドラムへのインタビュー.
65. Kimes, Teva: The King of Generic Drugs.

第6章

1. Levitt (1966a), p.65から引用.
2. Levin, et al. (1987).
3. ノウェルへのインタビュー.
4. Bryman (1997).
5. Porter (1996).
6. Drucker (2001).
7. Bessen, J., and Meurer, M. J. (2008a) *Patent Failures: How Judges, Lawyers and Bureaucrats Put Innovators at Risk*, Princeton University Press; Bessen, J., and Meurer, M. J. (2008b) "Do Patents Perform like Property?," *Academy of Management Perspectives*, 22(3): 8-20; Ziedonis, R. H. (2008) "On the Apparent Failure of Patents: A response to Bessen and Meurer," *Academy of Management Perspectives*, 22(4): 21-29も参照のこと.
8. コートへのインタビュー.
9. Halbrooks, J. R. (1996) "How to Really Deliver Superior Customer Service," cited in Rivkin, J. W., and Porter, M. E. (1999) "Matching Dell," Case 9-799-158, Harvard Business School, Jun. 6.
10. Iyer, B., and Davenport, T. H. (2008) "Reverse Engineering Google's Innovation Machine," *Harvard Business Review*, Apr.: 58-68.
11. Zeng, M., and Williamson, P. J. (2007) *Dragons at Your Door: How Chinese Companies will Disrupt Global Competition*, Harvard Business School Press.
12. Bryant, A. (1995); Graf, L. (2005) "Incompatibilities of the Low-cost and Network Carrier Business Models within the Same Airline Grouping," *Journal of Air Transport Management*, 11: 313-327.
13. The New Champions (2008) *Economist: Special Reports*, Sep. 18, p.8.
14. Ortega (1998).
15. Chew, W. B., Bresnahan, T. F., and Clark, K. B. (1990) "Measurement, Coordination and Learning in a Multi-plant Network," in *Measures for Manufacturing Excellence*, ed. R. S. Kaplan, Harvard Business School Press.
16. フィッシャーへのインタビュー.
17. コートへのインタビュー.
18. Westney (1987).
19. Levitt (1966a).
20. Aaker, D. A., and Day, G. S. (1986) "The Perils of High Growth Markets," *Strategic Management Journal*, 7(5): 409-421; Levitt, T. (1966b) "The Management of Reverse R&D or How to Imitate Your Competitor's Products before It's Too Late," *Harvard Business Review*, Sep.-Oct.: 33-37; Hannan, M. T., and Carroll, G. R. (1992) *Dynamics of Organizational Populations*, Oxford University Press; Stinchcombe, A. L. (1965) "Organizations and Social Structure," in *Handbook of Organizations*, ed. J. G. March, Rand McNally,

pp.151-193; Freeman, J., Carroll, G. R., and Hannan, M. T. (1983) "The Liability of Newness: Age Dependence in Organizational Death Rates," *American Sociological Review*, 48: 692-710; Urban, G. L., Carter, T., Gasin, S., and Mucha, S. (1986) "Market Share Rewards to Pioneering Brands: An Empirical Analysis and Strategic Implications," *Management Science*, 32: 645-659.

21. デーリーへのインタビュー.

22. Schmalensee, R. (1978) "Entry Deterrence in the Ready-to-eat Breakfast Cereal Industry," *Bell Journal of Economics*, 9: 305-327; Robinson, W. T., Fornell, C., and Sullivan, M. (1992) "Are Market Pioneers Intrinsically Stronger than Later Entrants?," *Strategic Management Journal*, 13: 609-624に引用されている.

23. Robinson, et al. (1992); Robinson, W. T., and Chiang, J. (2002) "Product Development Strategies for Established Market Pioneers, Early Followers, and Late Entrants," *Strategic Management Journal*, 23: 855-866; Zeng and Williamson (2007); Cho, et al. (1998).

24. Bayus, B. L., Jain, S., and Rao, A. G. (1997) "Too Little, Too Early: Introduction Timing and New Product Performance in the Personal Digital Assistant Industry," *Journal of Marketing Research*, 34: 50-63.

25. Murthi, B. P. S., Shrinivasan, K., and Kalyanaram, G. (1996) "Controlling for Observed and Unobserved Managerial Skills in Determining First-mover Market Share Advantages," *Journal of Marketing*, 33: 329-336; Suarez and Lanzolla (2007); Min, S., Kalwani, M. U., and Robinson, W. T. (2006) "Market Pioneer and Early Follower Survival Risks: A Contingency Analysis of Really New Versus Incrementally New Product Markets, *Journal of Marketing*, 70: 15-33.

26. Gittell (2003).

27. Murthi, et al. (1996); Suarez and Lanzolla (1997); Min, et al. (2006); Teece (1986); Cho, et al. (1999); Bayus, B. L. (1998) "An Analysis of Product Lifetimes in a Technologically Dynamic Industry," *Management Science*, 44(6): 763-775; Ortega (1998); Schmalensee (1982).

28. Bandura (1977); Bandura, A. (1965) "Influence of Model's Enforcement Contingencies on the Acquisition of Imitative Responses," *Journal of Personality and Social Psychology*, 1: 589-595; Masia, C. A., and Chase, P. N. (1997) "Vicarious Learning Revisited: A Contemporary Behavior Analytic Interpretation," *Journal of Behavioral Theory and Experimental Psychiatry*, 28(1): 41-51; Yando, et al.(1978)も参照のこと.

29. Bryman (1997).

30. Mueller, D. C. (1997) "First-mover Advantages and Path Dependence," *International Journal of Industrial Organization*, 15: 827-850.

31. シャックルフォードへのインタビュー.

32. Loftus (2008); Rockoff, J. D., and Winslow, R. (2008) "Merck to Develop Biotech Generics," *Wall Street Journal*, Dec. 10, B1.

33. Miller, C., and Goldman, K. (2002) "Jack Welch and General Electric, Mini-Case," New York University, Sep. 10; Surowiecki, J. (2000) "The Financial Page Jack Welch, Average Guy [Abstract]," *New Yorker*, Dec. 18.
34. Harley and Chater (2007) p.2; Byrne (2003); Rizzolatti and Sinigaglia (2008).
35. ノウェルへのインタビュー.
36. シャックルフォードへのインタビュー.
37. Mansfield, et al. (1981); Levin, R., et al. (1986).
38. オブライエンへのインタビュー.
39. Levitt (1966b).
40. Collins-Dodd and Zaichkowsky (1999).
41. Porter (1996).
42. Wingfield and Guth (2006).

第7章

1. ルドラムへのインタビュー.
2. Gittell (2003).
3. コナーへのインタビュー.
4. Rivkin, J. W. (2000); Cohen, W. M., and Levinthal, D. A. (1989) "Innovation and Learning: The Two Faces of R&D," *Economic Journal*, 99: 569-596; Diamond (2005); Zander, U., and Kogut, B. (1995) "Knowledge and the Speed of Transfer and Imitation of Organizational Capabilities: An Empirical Test," *Organization Science*, 6(1).
5. Wilke, R., and Zaichkowsky, L. (1999) "Brand Imitation and Its Effects on Innovation, Competition, and Brand Equity," *Business Horizons*, Nov.-Dec.
6. クラークへのインタビュー.
7. Gittell (2003); Milgrom, P., and Roberts, J. (1990) "The Economics of Modern Manufacturing: Technology, Strategy, and Organization," *American Economic Review*, 80: 511-528; Rivkin(2000)にも引用されている.Upton, D. (2005) "McDonald's Corporation," Case 9-603-041,Harvard Business School, Jun. 16.
8. コナアーへのインタビュー.
9. クラークへのインタビュー.
10. オブライエンへのインタビュー.
11. Mcevily, S. K., Das, S., and McCabe, K. (2000) "Avoiding Competence Substitution through Knowledge Sharing," *Academy of Management Review*, 25(2): 294-311; Dixit, A. (1980) "The Role of Investment in Entrydeterrence," *Economic Journal*, 90: 95-106; Schmalnesee, R. (1978) "Entry Deterrence in the Ready-to-eat Breakfast Cereal Industry," *Bell Journal of Economics*, 9: 305-327; Rivkin (2001); Bennett, J. (2008) "VW to Offer New Minivan with a Tuition Incentive," *Wall Street Journal*, Aug. 22, B5.
12. Mueller(1997)を参照のこと.

13. Teece, D. (1986); Yost, J. R. (2005) *The Computer Industry*, Greenwood Press; Kimes, M. (2009) "The King of Low Cost Generics," *Fortune*, Aug. 17; Cooley, T. F., and Yorukoglu, M. (2003) "Innovation and Imitation in an IInformation Age," *Journal of the European Economic Association*, 1, 3 (Apr.-May), 406-418.
14. コナーへのインタビュー.
15. Szymanski, et al. (2007); Kerin, et al. (1992).
16. クロイドへのインタビュー.
17. ノウェルへのインタビュー.
18. Stewart, T. A., and O'Brien, L. (2005) "Execution without Excuses. Interview with Michael Dell and Kevin Rollins," *Harvard Business Review*, Mar.
19. クロイドへのインタビュー.
20. コナーへのインタビュー.
21. ノウェルへのインタビュー.
22. 同上.

特別寄稿

1. 『エコノミスト』2012年5月22日号,pp. 58-59.
2. 同質化競争と模倣研究の概観については,淺羽茂(2002)『日本企業の競争原理——同質的行動の実証分析』東洋経済新報社;Lieberman, Marvin B., and Asaba Shigeru (2006) "Why Do Firms Imitate Each Other?," *Academy of Management Review*, 31(2): 366-385を参照.
3. 「最大のライバルの『強み』を丸暗記して乗り越える——酒巻久キヤノン電子社長」『日経ベンチャー』2008年7月1日号,pp.30-33.
4. 同上,p.33を参照.
5. ニトリの事例については,井上達彦(2012a)「模倣はイノベーションから生まれる」『DIAMONDハーバード・ビジネス・レビュー』8月号を参照.
6. 学習の近視眼を,①長期を見ない,②広い範囲を見ない,③失敗を見落とす,という点から議論した研究として, Levinthal and March (1993) がある.
7. 大野耐一(1978)『トヨタ生産システム——脱規模の経営をめざして』ダイヤモンド社;井上達彦(2012b)『模倣の経営学——偉大なる会社はマネから生まれる』日経BP社.
8. 小倉昌男(1999)『小倉昌男　経営学』日経BP社;井上(2012b).
9. チクセント・ミハイ(2001)『楽しみの社会学　改題新装版』今村浩明訳,新思索社,2001年.
10. 筆者(井上)インタビュー調査による.
11. 「異業種を応用する——売り上げ低迷の老舗仏具店が高級レストランの接客に活路見つける」『日経ベンチャー』2008年7月1日号,pp.28-43.
12. 筆者(井上)インタビュー調査による.
13. 筆者(井上)インタビュー調査による.
14. 東洋(1994)『日本人のしつけと教育——発達の日米比較にもとづいて』東京大学出版会;辻本雅史(1999)『「学び」の復権——模倣と習熟』角川書店.

15. 東(1994)p.123.
16. 東(1994)p.124.
17. 木下幹彌(2012)『モノづくりの経営思想——日本製造業が勝ち残る道』東洋経済新報社.
18. 筆者(井上)インタビュー調査による.
19. 木下(2012)p.36.
20. Madsen, Peter M., and Vinit Desai (2010) "Failing to learn? The Effects of Failure and Success on Organizational Learning in the Global Orbital Launch Vehicle Industry," *Academy of Management Journal*, 53(3): 451-476.を参照.
21. 代理学習から学ぶのか経験学習から学ぶのか,ならびに成功から学ぶのか失敗から学ぶのかについては,いくつかの実証研究がある.たとえば,Kim, June-Yong, Ji-Yub(Jay) Kim, and Anne S. Miner (2009) "Organization Learning from Extreme Performance Experience: The Impact of Success and Recovery Experience," *Organization Science*, 20(6): 958-978; Kim, Ji-Yub (Jay), and Anne S. Miner (2007) "Vicarious Learning from The Failures and Near-failures of Others: Evidence from The U.S. Commercial Banking Industry," *Academy of Management Journal*, 50(3): 687-714を参照.
22. 筆者(井上)インタビュー調査による.
23. 木下(2012)p.234.
24. Ferlie, Ewan, Louis Fitzgerald, Martin Wood, and Chris Hawkins (2005) "The Nonspread of Innovations: The Mediating Role of Professionals," *Academy of Management Journal*, 48(1): 117-134の研究によれば,複数のプロフェッショナリズムが組織内にあると,認識的な境界線から,イノベーションが普及しないと言われる.機械加工,電子部品,射出成形といった異なるプロフェッショナリズムを意識しがちの状況で,NPSやトヨタらは自主研は,この違いよりも生産のプロフェッショナリズムという同一性を強調することで普及を促していると考えられる.
25. 西口敏宏『ネットワーク思考のすすめ——ネットセントリック時代の組織戦略』東洋経済新報社, 2009年, p.37
26. KUMONについては,井上達彦『模倣の経営学』を参照.
27. この点について深く学びたい方は,金井壽宏・楠見孝編(2012)『実践知——エキスパートの知性』有斐閣を参照.
28. 大河原克行「洗濯機,エアコン,掃除機——動物の生態が隠れるシャープの白物家電」『日経トレンディ』2012年3月19日号.

的な部分を中心に私が監訳をするのが妥当だと考えたのはこのためである。翻訳者の遠藤真美さんは、原文の意味を正確に読み取りつつ、読者に訴えかけるようなわかりやすい翻訳を志しておられる。仕事ぶりが実に丁寧で、必要に応じて参考文献までも確認して適切な訳語を探してくださった。

いくつもの偶然が折り重なって本書の刊行が実現した。「模倣」という難しいテーマであるにもかかわらず、それを高く評価してくださった皆さんのおかげでシェンカー教授の作品を日本で紹介できることを大変嬉しく思っている。

二〇一三年一月

井上達彦

執筆していて、本書がとても参考になると教えてくれたのである。

一読して、ぜひ邦訳して紹介したいと直感した。学部のゼミでも輪読を開始した矢先だった。二〇一一年六月に名古屋で開催される国際経営学会に、著者のシェンカー教授が来日されるということがわかったのだ。

奇遇にも、メインホールで開催される当該セッションの司会を、早稲田大学アジア・サービス・ビジネス研究所の太田正孝所長が担当することになっていた。早速、太田所長にお願いして、翻訳を進めるための打合せを行った。シェンカー教授は、異文化マネジメントの権威であるだけに、異なる国や地域の研究者とコミュニケーションをするのに長けておられた。実に謙虚に、しかし熱く模倣の大切さについて語ってくださった。このときに同席してくださった研究仲間の池上重輔さんの助言により、日本企業を紹介する章を共著で加えることになった。

こうして、本書の企画の骨子が出来上がった。ニトリホールディングス社長の似鳥昭雄氏、ならびにNPS研究会代表の木下幹彌氏にインタビューを依頼しようと思うに至ったのも、このような企画があったからこそである。

企画を実現してくれたのは、東洋経済新報社出版局の佐藤敬さんである。翻訳書の出版事情が厳しい折、とてもスムーズに企画をまとめ、仕事を進めてくださった。原著の内容をしっかりと伝えるために、日本の事例を紹介する章があったほうがよいと背中を押していただいた。

翻訳にあたっては、大学の研究者だけではなく、ビジネスパーソンにも広く読んでいただけるものにしたかった。ビジネス書の翻訳に精通したプロフェッショナルに翻訳を依頼し、学術

く読んでいただけるはずだ。本書には、異なる国や地域からビジネスモデルを輸入して新事業を立ち上げたという事例も紹介されている。研究開発など創造的な活動に従事されている方も、模倣から新しいものを生み出すという発想を改めて学ぶことができるだろう。

もちろん本書は、アカデミックな研究者にとっても有用である。やや啓蒙書的な色合いが強いようにも見えるが、巻末の注記に示されているように、一つひとつの主張には、学術研究の証左か、経営の現場に踏み込んだフィールドワークか、あるいはその双方の裏づけがある。原注に列挙されている参考文献にもこだわりがあり、たとえば代理学習を参照するにしても、かつて模倣が知的ではないと誤解されていた時代の研究などは、意図的に外されているそうだ。

模倣は、経営学やマーケティングの多様な領域にかかわるトピックである。競争戦略論、特に後発優位に関心のある研究者にとっては必読の書である。また、イノベーション研究について、少し違った視点からアプローチしたいという方にもお薦めしたい。さらに、ビジネスモデルの生成や移転に関心のある研究者にとっては、模倣という視点から捉え直すきっかけを与えてくれる。グローバルな視点でのビジネスモデルの移転についても、多くの知見が含まれている。

本書を刊行するにあたって

本書の刊行にあたっては、多くの方々の協力を得た。

まず、原著を読むように薦めてくれたのは、早稲田大学の大学院生の永山晋さんであった。

当時、私は『模倣の経営学――偉大なる会社はマネから生まれる』（日経BP社）という書籍を

コピーキャット

模倣者こそが
イノベーションを起こす

How Smart Companies Use
Imitation to Gain a Strategic Edge

Oded Shenkar

オーデッド・シェンカー 著
井上達彦 監訳
遠藤真美 訳
東洋経済新報社

Copycats
How Smart Companies Use
Imitation to Gain a Strategic Edge
Oded Shenkar

Copycats:

How Smart Companies Use Imitation to Gain a Strategic Edge

by Oded Shenkar

Published by arrangement with Harvard Business Review Press,

Watertown, Massachusetts

through Tuttle-Mori Agency, Inc., Tokyo

日本語版への序文

世界中でイノベーションが叫ばれている。日本も例外ではなく、イノベーションに関する本や論説が巷にあふれている。『ウォールストリート・ジャーナル』紙によれば、アメリカでは最近、イノベーション関連の書籍が三カ月間で二五〇冊以上も刊行されたそうだ。この先、日本がアメリカのようにイノベーションに熱狂的な関心を示すようになるかどうかは定かではない。すでに日本の読者はイノベーションについて多くのこと、それもかなり多くのことを学んでいるはずだ。

それゆえ日本の読者に必要なのは、むしろ歴史を振り返ることである。何よりもまず、自国の歴史に目を向けてほしい。なぜなら日本は、イノベーションと密接に結びついているものとして、早くから「模倣」を認識していた数少ない国の一つだからである。模倣は創造的な取組みであること、そして、模倣を成功させるには模倣する対象を深く理解する必要があることを、昔から見抜いていた。そのような国は他にないだろう。そんな日本の企業が、今では独創性の神話に満ちた「イノベーションの神」を崇拝するようになり、模倣を重要なビジネス戦略として活用することに背を向けているのだとしたら、それは皮肉なことである。模倣の時代という大きな流れに逆らうことにもなりかねない。

日本人がどれだけ意識しているかはわからないが、日本の歴史というものは、創造的模倣の事例の宝庫である。日本は遣隋使・遣唐使の時代より近隣の国からさまざまなアイディアを取

り入れてきた。しかもその際に、他国のアイディアをそのまま取り入れるのではなく、そこに何らかの手を加えてきた。何より注目されるのは、自らの脈絡に合わせて作り替えてきたことだ。その伝統は脈々と続く。一〇〇〇年後、明治維新を迎えた日本が、欧米の列強諸国のアイディアやモデルを広範囲に、かつ体系的な方法で探索したことは注目に値する。自国よりも優れていたお手本のみならず、自国との関連性が高いと判断されたものも積極的に輸入した。そして、モデルが移植されるときには、可能な限り自国の状況に合わせた形に変えられている。

　これは日本という国の政府に限ったことではない。日本の企業も、規模の大小に関係なく、新しい技術やビジネスの形にキャッチアップしようと邁進して、数々の移植に成功した。このプロセスは一九八〇年代になっても繰り返され、「ジャパン・アズ・ナンバーワン」という評価が広まるほどに競争力をつけた。

　しかし、日本企業はグローバル競争の頂点に到達したその瞬間に失速し始め、「失われた一〇年」を経て、さらには「失われた二〇年」へと向かっていった。これは偶然だろうか。はたして、模倣するものがなくなってしまったから、進むべき道を見失っているのだろうか。イノベーションを信奉する人なら、きっとこのような考え方をするだろう。しかし、私はここであえて別の考え方を提示したい。日本企業は、頂点を極めたことで自己満足に陥って傲慢になり、模倣能力を自ら捨て去ってしまったからこそ、競争力を失いそうになっていると。

　外から眺めると、今の日本企業は、虎と狼の挟み撃ちに遭って身動きがとれなくなっているかのようだ。今の日本の企業に、はたしてアメリカ企業ほどの革新性があるのだろうか。後ろ

から追撃をかける中国という競争相手に対して、有効な策を提示できているであろうか。模倣のペースはますます早まっているし、模倣によって獲得できる価値も想像を絶するほど大きい。一九四八年から二〇〇一年にかけて生み出された広範なイノベーションについての調査によれば、そこから創出された価値の九七・八％（現在価値に換算）を、当のイノベーターではなく模倣者が手中に収めているといわれる。中国企業は、合法であろうとなかろうと、何の躊躇もなく模倣してくる。ならば、どうすればよいのだろうか。

　私は日本企業に対して、「イモベーター」になることを提唱したい。本書で提唱したイモベーターとは、イノベーター（革新者）でもあり、イミテーター（模倣者）でもある企業のことである。イモベーターは、他社のアイディアを模倣することにも、自らアイディアを生み出すことにも長けている。また、模倣に長けているからこそ、それから身を守る術を心得ており、危機感を持って防御をさらに固めようともする。

　日本には模倣とイノベーションを巧みに結合させてきた数千年来の歴史と伝統がある。その伝統の力を活かさずに、なぜ欧米の流行を追いかけようとするのだろう。日本はこれまで模倣とイノベーションを融合させて成功を収めてきた。その手法は現代にも通用すると、私は信じている。

　振り返れば、二〇一一年六月に名古屋で開催された国際ビジネス学会で、早稲田大学の井上達彦教授と日本の優れたイモベーターについて議論を交わし、本書の翻訳プロジェクトを立ち上げるという幸運に恵まれた。東洋経済新報社とハーバード・ビジネス・プレスからの理解を

得て、今回、特別寄稿として、井上教授とこれらの企業についての共著論文を書くことができた。記して感謝する。

本書は、模倣を経営の実践に織り込んできた企業の経営者にとっては福音をもたらす一冊となるかもしれない。模倣は世の中に過小評価されてきたが、因果関係を探り当てる知的な行為である。本書が日本のビジネスリーダーたちに何らかの示唆を与えることを真に願っている。

二〇一三年一月

オハイオ州コロンバスにて

オーデッド・シェンカー

コピーキャット　目次

ブックデザイン　水戸部　功
本文ＤＴＰ　群企画

コピーキャット

模倣者こそがイノベーションを起こす

Fat Copycats

第1章 繁栄するコピーキャットたち

模倣は世の中にあふれている。模倣こそが、企業が成長し、利益を創出する方法として、イノベーションよりはるかに広く普及しているのである。

――セオドア・レビット（一九六六年）

今から数年前のことになるが、私は海外の新興企業が開発した新しいマーケティングツールを売り込もうと、アメリカの大手小売会社の上級幹部を務める知人に連絡を入れた。そのツールは、音声認識技術をマーケティングに応用した斬新なもので、業界のトレンドセッターとして名高いその会社にはうってつけだと思われた。しばらくして返事があり、「これは新しいアイディアですか。それともすでに使われているものでしょうか」と質問された。このツールはまったく新しいもので、他のどの企業もまだ知らないと、私は自信たっぷりに伝えた。すると、思ってもみなかった答えが返ってきた。「そうでしたら興味はありません」というのだ。理由を聞くと、こう説明された。「新しいことを最初に試さないのは、当社のポリシーです。

効果が実証されているものでなければ検討しません」

私は驚いた。ニューヨークからシドニーまで、世界中の企業幹部が「イノベーションを起こせ」と大号令をかけているのだから、驚くなというほうが無理だ。イノベーションには大きな力がある。企業が生き残り、成長し、繁栄するうえで欠かすことのできない重要な要素である。イノベーションを起こすと、あふれ出るほどの独占利益を手にすることができる。

しかしそれも、模倣者《イミテーター》が現れるまでの話である。模倣者は必ず現れる。アメリカのハンバーガーチェーンのホワイト・キャッスルを創業したウォルター・アンダーソンは、素早く手軽な食事を安価に提供するファストフードチェーンのコンセプトと運営システムを一九二一年に考案したが、ライバル企業が次々に店を偵察にやってきて、店舗のデザインから運営手順まで、ホワイト・キャッスルのノウハウを逐一記録していった。目端が利き、運営効率の高いコピー企業は、すぐにオリジナルを追い越した。急成長するファストフード産業を生み出したホワイト・キャッスルは、今では小規模チェーンの座に甘んじている（*1）。

「模倣」というとマイナスのイメージがつきまとうが、数多くの模倣者が大きな成功を収めて、イノベーターを追いやっているのが現実だ。模倣して成功した企業のシステムも、次の世代の模倣者にコピーされた。マクドナルドがその典型的な例である。マクドナルドはドライブスルーのコンセプトを別の企業から模倣して成功させたが、今度はそれをラリーズに模倣された。その後、マクドナルドがヘルシー路線に舵を切ると、ヤム・ブランズがすぐさま傘下のタコベルやピザハットで同じヘルシー路線を打ち出し、マクドナルドがモーニング客やディナー

客の開拓に力を入れ始めると、同じように後に続いた（＊2）。

　ＥＭＩも模倣者に追いやられたイノベーターの一つである。ＥＭＩは一九七三年にＣＡＴスキャナー（Ｘ線体軸断層撮影装置）を世界で初めて販売したが、わずか六年で市場の主導権を失った。その二年後、ＥＭＩはＣＡＴスキャナー事業から撤退し、ゼネラル・エレクトリック（ＧＥ）などの後発のメーカーに市場を明け渡すことになった。ＲＣコーラも同じ運命をたどり、ダイエットコーラをはじめとする革新的な製品を世に送り出したが、コカ・コーラやペプシコにあっという間に模倣されてしまった（＊3）。ソニーは一九八一年に業界初のデジタルカメラを開発したが、日本のフィルムカメラ・メーカーや、ヒューレット・パッカード（ＨＰ）などのアメリカの後発参入企業にすぐに追い越された。

　そういった例はたくさんある。ダイナースクラブは世界で初めてクレジットカードを発行したが、今では市場の片隅に追いやられ、ＶＩＳＡやマスターカード、アメリカン・エキスプレスがクレジットカード市場を支配している。いずれも、ダイナースがクレジットカードというまったく新しいアイディアを銀行や小売店、そして一般市民に浸透させようと悪戦苦闘していたときには存在もしていなかった会社ばかりだ（＊4）。アメリカの塗料メーカーのシャーウィン・ウィリアムズは、気温二度でも塗れる新しいペンキを開発し、ペンキを塗れる期間を長くしたが、三年も経たないうちに、すべてのライバルメーカーが競合する製品を投入した（＊5）。同じような例はいくらでも挙げることができる（＊6）。

　重要なイノベーションを調べると、四八のイノベーションのうち、三四が調査の時点で模倣

されていた。ブランド模倣率は今では八〇％を超える。製品カテゴリーによっては、模倣率はさらに高くなる。たとえば、シリアルのメジャーブランドはすべて模倣品が出回っている（＊7）。私たちが利用しているサービスや、経営の慣行、ビジネスモデルの多くにも、これと同じことが言える。YouTubeそっくりの動画共有サービスを運営している三流会社は何百とある。業界のリーダーだって例外ではない。世界最大のレンタカー会社、ハーツが展開するカーシェアリング・サービス「コネクト・バイ・ハーツ」は、新興企業のジップカーが考案したモデルと瓜二つだ。

イノベーションの魔法をうたい、イノベーションの生み出し方を伝授する書籍は数えきれないほどある。そのほとんどすべてがイノベーションを当たり前のように礼賛していて、最近放送されたCNBCの特別番組で使われていた表現を借りるなら、「イノベーションか死か」が議論の出発点になっている（＊8）。はっきりと述べられていることはほとんどないだろうが、模倣者が繁栄することはない、仮に生き残ることができたとしても、独創的なイノベーターたちのおこぼれにあずかるしか生きる道はないのだという含みが、暗黙の前提としてある。模倣は追い詰められた者がやけくそになって、何の計画もなく衝動的にする行為として描かれているし、イノベーターは高い障壁を築いて、より優れたものを提供しさえすれば、模倣者から身を守ることができるとされている。

これに対して本書は、イノベーター（革新者）ではなく、イミテーター（模倣者）に焦点を合わせている。企業が生き残って繁栄するうえで、模倣はイノベーションと同じくらい重要な意

味を持っていて、イノベーションそのものを生み出すのに不可欠な要素であるというのが、本書の基本的な前提である。模倣は希少で複雑な戦略能力であり、細心の注意を払って培い、正しく使わなければいけないものなのである。

本書で「模倣」というときは、イノベーションや先駆的なアイディアをコピー、複製、あるいは反復することを意味する。ただし、本書でのこの言葉の扱いには、以下に示すような留意点がある。

① 模倣の対象は、製品、プロセス、慣行、ビジネスモデルとする。
② 原型を丸ごと模倣したものということもあるし、変化させたものや適応させたものという場合もある。
③ 細部に至るまで精密にコピーされたものから、インスピレーションを得たという大まかな模倣、あるいはその中間のものまですべてが含まれうる。
④ 本能的な刷込みから、完全な模倣（真の模倣）まで、多岐にわたることもある（詳しくは第2章で論じる）。
⑤ 海賊版や偽造といった不正な模倣が横行していることは重大な問題だが、本書の議論には含めない。
⑥ 本書では、模倣は戦略として捉えられている。模倣はイノベーションと密接に結びついており、イノベーション能力を的確かつ効果的に活用するためにも欠かせない要素と位

置づけられる。

模倣のペースは加速している

他の種と同じように、人間は常に模倣を繰り返して過酷な環境を生き抜き、道具を作り、ライバルや敵との競争に打ち勝ってきた。すでに存在しているものを一から作り直すことを意味する「車輪の再発明」という言葉があるが、人間は車輪の再発明をしないことを、車輪が発明される前から学んでいる。通信や交通の手段が発達するとともに、模倣の機会は一気に増えた。さらに、グローバル化が進み、テクノロジーが進歩したことで、模倣者の層が広がる、模倣がしやすくなる、コストが下がる、ペースが大幅に加速する、といった変化が生まれている。

一九世紀のイノベーションが発展途上国で利用されるようになるまでには一〇〇年かかったが、二〇世紀後半になると、発明がコピーされるのに二年もかからなくなった(＊9)。模倣された製品が広まるまでにかかる期間は、一八七七〜一九三〇年は平均で二三・一年だったのに対し、一九三〇〜三九年は九・六年に縮まり、一九四〇年以降は四・九年になった。模倣者が市場に参入するまでの期間も二・九三％短くなっている(＊10)。模倣のラグは一九六一年には二〇年だったが、一九八一年になるとそれが四年になり、一九八五年には一〜一・五年にまで短縮した(＊11)。

模倣のペースが早まる傾向は、ほとんどすべての製品に見られる。蓄音機の模倣品が登場す

るまでには三〇年かかったが、CDプレイヤーは三年で模倣された。クライスラーのミニバンの模倣車が現れるまでには一〇年かかったが、中国の自動車メーカーはゼネラルモーターズ（GM）のコンパクトカーをコピーした「QQ」を一年足らずで発売した。後発医薬品がアメリカの処方薬市場に占めるシェアは、一九八二年にはわずか二％だったが、二〇〇七年にはそれが六三％にまで上昇している。一九九〇年代の初め、カルシウム拮抗薬「カルディゼム」は特許が切れてから五年で後発医薬品に市場の八割を奪われることになった。しかし、その一〇年後になると、特許が切れた降圧剤「カルデュラ」は九カ月で市場の八割を失った。イーライ・リリーの大型医薬品である抗うつ剤「プロザック」に至っては、特許切れからわずか二カ月で、市場の八割を後発医薬品に譲り渡している（*12）。

模倣者の優位性

ボーイングのビル・アレン社長（当時）は、一九五〇年にファーンボロー国際航空ショーでイギリスのジェット旅客機「コメット」を目にしたとき、民間航空機はジェット時代を迎えると確信した（*13）。その後、コメットは連続墜落事故を起こし、ボーイングの707型機とマクドネル・ダグラスのDC-8型機が市場を支配するようになった。

ピーター・ドラッカーが「世界一の実績を持つ創造的模倣者」と呼んだIBMは、商用メインフレーム・コンピューターの導入でレミントンランドに後れをとったが、先発品が発売され

てから四年で、市場の主導権を奪った(＊14)。続いてパーソナルコンピューターにも参入し、アップルやコモドールなどの製品のいいところを組み合わせた「ＩＢＭ ＰＣ」を開発した。ＩＢＭ ＰＣはパソコンとして初めて商業的な成功を収め、この市場でも主導権を握ったが、後にコンパックとデルが開発したＩＢＭ互換機に敗れることになった。

こうした例はいくらでも見つけることができる。任天堂は、アタリが一九七五年に発売した家庭用ゲーム機「ポン」を模倣した七五社のうちの一社だったが、その後、任天堂のゲーム機は業界標準になった。二・五インチ・ハードディスクドライブ市場は、パイオニアであるプレーリーテックが支配していたが、コナー・ペリフェラルが一九八九年に自社製品を発表して市場を制し、九五％ものシェアを握った。ウェブブラウザでも、ネットスケープがスプライから主導権を奪い、その後、マイクロソフトの「インターネットエクスプローラー」に敗北した。クライスラーが開拓したミニバン市場では、最初に追随したフォード・モーターとＧＭを押しのけて、後発のホンダとトヨタ自動車のミニバンが市場を席巻した。これらの例は単なるエピソードではない。迅速な二番手（ファストセカンド）はもちろん、後発追随者であっても大きな成功を収めていることが、いくつもの調査で確認されている(＊15)。

なぜ、多くの模倣者が成功しているのだろう。一つには、イノベーターやパイオニアがすでに投資して事業や市場を開拓しているため、模倣者はそれにフリーライド（ただ乗り）できるということが挙げられる。研究開発費を節約できるばかりか、顧客はすでに新しい製品やサービスをどう使うか知っているので、マーケティング費用も抑えられる。さらに、大きな賭けに

失敗してしまう事態も避けられる。ソニーの家庭向けビデオテープレコーダー「ベータマックス」のように、ドミナントデザインの覇権争いに負けることもないし、革新的な新薬を開発している途中でその薬に効果がないとわかるようなことにもならない。

新薬の研究開発には一〇億ドルもの費用が投じられるが、そのほぼ九割が臨床試験の段階で失敗するため、後発医薬品は新薬に比べて研究開発費を大幅に削減できる。イノベーターは、新薬の承認後、一定の独占販売期間が与えられ、新薬の開発に投資した資金を回収する機会が保証されてはいる。しかし、先発のブランド薬の特許に異議申立てをして、最初に承認申請を行った後発医薬品メーカーにも、六カ月間の独占期間が与えられている。この期間中は、後発医薬品をブランド薬の八割の価格で販売することができる。「リピトール」のような大型医薬品であれば、一億三〇〇〇万ドルの開発投資で、一〇億ドルのリターンを手にできる計算になる(＊16)。どんな状況を考えても、このリターンは大きい部類に入るが、薬の有効性・安全性や商業面に関する不確実性が解消されていてリスクが低いことを考えると、うまみは非常に大きい。これは極端な例のように聞こえるかもしれない。しかし、一九四八年から二〇〇一年に生み出されたイノベーションを対象にした大規模な調査から、イノベーターたちは自分が起こしたイノベーションの現在価値の二・二％しか獲得していないことが明らかになっている。残りは模倣者たちが手に入れたものと考えられる(＊17)。

模倣者は、後発の強みを活かして、先発品の欠点から学んでいる。たとえばディズニーは、先行するアニメーション会社の技術面や組織面のイノベーションを活用できただけでなく、

「コミックのキャラクターに依存しすぎている、ストーリー性が薄いか、場合によってはまったくない、『追いかけっこ』のような使い古された演出が多すぎる、中心人物の描写が甘い、映像のクオリティが低い、といった既存のアニメ映画が抱える弱点を見極める」ことも可能だった(*18)。

パイオニアはイノベーションに投資しなければならないが、模倣者はそうする必要がない。そのため、顧客の好みの変化に合わせてオリジナルに手を加えることもできるし、次世代技術に一足飛びに進むリープフロッグ（カエル跳び）型のアプローチをとることもできる。サムスンをはじめとする韓国メーカーがその例だ。サムスンは、アナログ技術では絶望的なまでに後れをとっていたため、その先のデジタル時代に照準を合わせた。このように、模倣者は市場の反応を確かめながら製品を調整して、より大きなリターンをより確実に得られそうなところにポジショニングすることができる。

生産性を大きく向上させるのは、イノベーションそのものではなく、その後に加えられる改良である。そうだとすると、模倣者はたいてい、オリジナルよりも優れていると考えられるものを、オリジナルと比べて格安な値段で顧客に提供できる有利なポジションにいる。模倣するには、イノベーターがとった手順のすべてとはいかないまでも、その多くをたどり直さなければいけないので、相応のコストがかかる。しかし、模倣コストのほうが低いことは明らかであり、ほとんどの場合はイノベーターが投じたコストの六〇～七五％程度ですむ(*19)。利益率の低い時代には、この差は大きい。コストを抑えられれば、それだけ競争力を高めるための対策

を打てるようになる。質の高い製品やサービスの価格を大幅に引き下げて、コスト削減分を顧客に還元することもできる。流通システムやサービスを強化することも、保証の期間を長くしたり、保証を拡充したりして、ブランドの知名度の低さを補うことも可能になる。浮いたコストをイノベーションに回すことだってできる。

模倣者は、自己満足にも陥りにくい。イノベーターやパイオニアは成功体験に縛られて、背後に迫り来る脅威を軽く見るようになってしまいがちだ。模倣者は先発者を追い越した自らの経験から、後から追ってくる者たちを過剰なまでに警戒し、防御をしっかり固める。「われわれは追われているのだという意識がいつも頭にある」と、台湾に本社を置くエイスーステック・コンピューターのジョニー・シー会長は明かす(*20)。模倣者はオリジナルと差別化を図ることが多く、ビジネスのゲームのあり方を変えるような新しい技術への関心は、イノベーターよりも強い。トーキー映画、カラー映画が登場したとき、先行するアニメ会社はこうした新技術を取り入れようとしなかったが、ディズニーはその可能性をすぐに見抜き、自社のアニメをトーキー化、カラー化して、市場のリーダーになった。

そして、模倣者はたいてい複数のモデルを使っているので、模倣とイノベーションは二者択一の関係ではないということがよくわかっている。だから、イノベーションは集中選択し、模倣はどんどん進めるという判断ができる。大きな収益を生み出しているイノベーションの多くが模倣の要素を色濃く含んでいるのも不思議ではない(*21)。

変わる模倣の顔

過去の例を振り返ってみると、模倣は偶然から生まれたものが多い。マクドナルド創業者のレイ・クロックは、ミルクセーキ用ミキサーの営業のために立ち寄った町で、マクドナルドの原型となるハンバーガーレストランに出会った。日本の自動車メーカーの経営陣は、アメリカを視察に訪れたときにスーパーマーケットを見て、商品が自動的に補充される仕組みに目を留め、そこからジャスト・イン・タイム方式の生産システムのヒントを得ている。

こうした例は幸運に恵まれたものであって、考え抜かれたものでも、計画されたものでもない。幸運に恵まれなければ、模倣の機会は見過ごされることになる。マーケティング研究の権威であるセオドア・レビットが主要企業を対象に調査を行っているが、「競合他社のイノベーションへの対応方針を何らかの形で示している企業は一つもなかった」という(＊22)。そのため、模倣を始めても、たいていは中途半端に終わってしまう。タイプライター・メーカーのレミントンランドやL・C・スミスは、マーケット・リーダーであるアンダーウッドの革命的なデザインをコピーしたが、市場シェアを大きく奪うには至らなかった(＊23)。

多くの模倣者は、パイオニアや早期追随者が圧倒的なリードを築くか、競争相手がひしめき合うようになってから、市場に参入している。なかには、能力で勝る競争相手のやり方をやみくもに真似て、失敗するケースもある。メリルリンチとシティグループはサブプライムローン関連で巨額の損失を出したが、ゴールドマン・サックスとJ・P・モルガンは大きな痛手を

受けなかった。『ウォールストリート・ジャーナル』紙はその理由を、メリルとシティはゴールドマンの手法を真似ようとしたものの、ゴールドマンのようなスキルや経験がなかったからだと指摘している。また、参照するモデルの複雑さをよく理解せずに模倣して、劣化コピーを生み出してしまう場合もある。デルタ航空がその例だ。同社は二度にわたってサウスウエスト航空のクローンを作ろうと試みたが、二度とも失敗に終わった。

模倣にはどんな可能性があり、どんな課題があるのだろう。これについては、パソコン業界と、パソコンの二大メーカーであるHPとデルの例が参考になるだろう。イノベーション志向の強いHPは、自社のイノベーション能力を活かしきれていないという批判にさらされていた。パソコン業界の競争が激化すると、研究開発費の削減、技術提携の強化、独自仕様から業界標準部品へのシフト、サプライチェーンのスリム化を進めた。さらに、社外の技術を活用する方針に転換して、コンパックと合併し、イノベーションのコストダウンを図った。そして、「事業価値を高める技術やサービスを発明するイノベーションに集中する」ことを決める(＊24)。同社は明言こそしなかったが、業績の向上が見込まれる場合に限り、模倣よりもイノベーションを優先させるとの判断をしたということである。

一方、デルもイノベーションの的を絞り込んだが、デルがそうしたのは、まったく逆の理由からだった。技術面での競争優位がないデルは、「市場投入期間のイノベーション」を起こす道を選び、直販方式を取り入れて、製品イノベーションに投じる費用を抑えた。デルは研究開発費をHPの四分の一にまで削っている。当時のデルのCEO、ケビン・ロリンズは、「イノ

ベーションが競争力を大幅に高める武器だというなら、なぜそれが収益力に反映されないのか」と公言してはばからなかった(＊25)。そして、研究開発の縮小を補うために、製品デザインや技術を積極的に模倣していった。あるアナリストの言葉を借りるなら、「創造性が自社の中核的な優位性を高める領域ではイノベーションを推進し、それ以外のところでは模倣する」という選択である(＊26)。

その後、競合メーカーが小売販売網を維持したままでデルの直販モデルを模倣するようになり、生産もアジアの工場に委託し始めた。デルはコスト優位を失い、これまでの戦略が通用しなくなった。そこで、ＨＰの販売チャネルの柱である小売店での店頭販売に踏み切ったが、あるアナリストが嘆いたように、「パソコン販売の主戦場である小売店では、デル製品はどうしてもコスト面や性能面で見劣りしてしまうことが問題」になった(＊27)。

この例が物語るように、模倣とは、包括的な戦略の一環であるか、少なくともそうであるべきものだ。模倣はビジネスの脈絡や自社の能力に照らして評価しなければいけないし、模倣とイノベーションは密接に結びついているのである。

イノベーションと模倣の最適なバランスを見極めるのは難しい。この種の均衡点は時代とともに変わり続けるからだ。医薬品業界を例に説明しよう。医薬品業界にイノベーターと模倣者という区分ができたのは、二〇世紀初めになってからのことだった。その数十年後には、規制緩和によって後発医薬品というカテゴリーが生まれ、やがてアメリカの処方薬市場の半分以上を後発医薬品が占めるようになった。医薬品業界の状況が変化したため、イノベーターたちの

ビジネスモデルは崩れ、それを補完する戦略として模倣を取り入れざるをえなくなった。新薬大手のファイザーは後発医薬品市場に参入する決断をしているが、新たに発足したエスタブリッシュ医薬品事業部長のデビッド・シモンズは、インタビュー記事の中でその理由を次のように説明している。「私たちはイノベーションを追求し続けている。イノベーションがファイザーの活力源であり、成長を支える要素であることに変わりはない。しかし、イノベーションが当社の究極の目標であるわけではない」(*28)

サンド、第一三共(インドの後発医薬品メーカー、ランバクシー・ラボラトリーズの株式の過半数を取得した)などのイノベーターも、後発医薬品に参入しており、研究開発費を削減させている。株式市場はこうした動きを歓迎しているようだ。カナダの製薬メーカー、バレアントが研究開発費を半減させると発表すると、株価は六〇%上昇した(*29)。模倣者は逆に、革新的な新薬の開発に乗り出している。イスラエルに拠点を置く後発医薬品世界最大手のテバファーマスティカルは、先行バイオ医薬品を模倣したバイオシミラー(後発バイオ医薬品)などのハイブリッド医薬品市場に進出している。

イモベーション——イノベーションとイミテーションを融合する

卓越した模倣者の例を探していて、驚いたことがある。模倣者がイノベーターとしても知られているケースがとても多いのだ。ウォルマートがそうだし、IBM、アップル、P&G、

シャーウィン・ウィリアムズ、医薬医療品卸売大手のカーディナル・ヘルスもそうだ。GEは、イノベーターの名を欲しいままにし、頻繁に模倣されている会社である。しかし、ウォルマートに倣って「クイック・マーケット・インテリジェンス」システムを導入しているし、HPの新製品開発手法も取り入れている。他社の優れた慣行を模倣して、高い技術力を持つライバルとの競争に打ち勝っているのだ。

　このような企業のことを「**イモベーター**」と呼ぶ。イモベーターは、模倣はイノベーションと相いれないものではなく、むしろイノベーションを補完するものだということをよくわかっている。ペプシコの元シニア・バイスプレジデント兼トレジャラーのライオネル・L・ノウエルは言う。「イノベーションを起こそうとしているときであっても、他人がどんなことをしているのかも知りたい。面白いことに、一部のイノベーションは模倣から始まっている。模倣しようとしているときでさえ、原型をさらに進化させて、イノベーションと呼んでもよいくらいのものを生み出さなければいけないと思っている」[＊30]。P&Gの元最高技術責任者、G・ギルバート・クロイドの話では、独自性を生み出すのは新しい要素ではなく、その組合せ方だという。本書では、こうした要素の組合せ方のことを**組立て構造**（assembly architecture）、あるいは、**結合構造**（combinative architecture）と呼ぶことにする[＊31]。

　イモベーターは、イノベーションを起こすべきときと、同質化するべきときを戦略的に判断する。カーディナル・ヘルスのR・ケリー・クラーク会長兼CEOの言葉を借りれば、「構成を調節して、効果を高める」[＊32]必要があるということがわかっているからだ。たとえば、

P&Gはイノベーションを重要な差別化要因と考えているが、元幹部のクロイドは、「同質化の要素がある場合、あることをしたり、あるものを作り出したりするもっと良い方法を誰かが編み出していたら、そのやり方を使う。他のやり方を発明することが消費者の便益にならないか、そうする価値がはっきり認められないのであれば、あえて発明する必要は感じない」と語る(*33)。ペプシコのノウェルも同じような見方をしている。「イノベーションは大きな競争優位につながる。模倣(の目的)は…(中略)…競争で不利にならないようにすることだ」(*34)

イモベーターはまた、主に戦略上の重要な分岐点かその周辺で、イノベーションと模倣を融合させている。P&Gであれば、顧客体験が重要な分岐点になる。P&Gは、顧客が製品を購入するときと、製品を使用するときの二つの場面を「真実の瞬間」と呼んで、重要視している。

加えて、イモベーターはイノベーターの能力とイミテーターの能力を兼ね備えている。その一つが、膨大な情報やデータを選定し、さまざまな領域や学問分野の多様な知識基盤を活用する能力である。複雑な現実を誤って単純化してしまうという問題を避けるスキルも持っているし、多面パズルを、その結合構造の全体像を見失うことなく、一つひとつのパーツに分解する能力もある。

さらに、模倣の特性を進化させて活かす能力を持っている。幅広い探索をリアルタイムで行う能力、複数のモデルを組み合わせる能力、製品やモデルと市場との対話を理解する能力、目まぐるしく変わる環境に合わせながら、素早く効果的に実行する能力がそうだ。イモベーターはそれを創造的なやり方で実践している。ローマ人のように、優れたお手本からインスピレー

ションを得て、独自の仕組みを築いていくような模倣である。

ヨーロッパ人が中国の磁器と現代的な製法を結合させたのとまったく同じように（第２章参照）、イモベーターは、模倣した要素を自らの置かれている脈絡や状況に適応させ、そこに独創性を吹き込む。そのため、「外部のアイディアを誇りを持って見つけ出す」というレベルにとどまらず、P&Gが「コネクト・アンド・デベロップ」と呼ぶアプローチへと歩みを進めることができる（＊35）。コネクト・アンド・デベロップとは、アイディアの流れを妨げる障壁を取り払い、社内外の技術やアイディアをつなげて（コネクト）、新しい製品やサービスを開発する（デベロップ）というものだ。P&Gはこのようなオープンイノベーションのシステムを取り入れており、新製品のアイディアの三分の一を社外から調達するという目標をすでにクリアしている。その結果、開発コストが大幅に削減され、市場投入時間が短縮された他、問題解決につながるアイディアの発掘でも成果があがっている。

本書について

本書の目的は、「ビジネス活動の片隅にいる困った厄介者」という模倣に対する固定観念を覆して、戦略とオペレーションというステージの中央に模倣を持ってくることである。本書を読み終えると、模倣の価値がわかるようになるだけでなく、模倣のコストやリスクも理解できるようになるだろう。模倣能力を磨くためのフレームワークが構築されると同時に、模倣を実

行し、模倣が持つ潜在能力を引き出す戦略的プランの青写真を描き出して、その内容を分析し、入念に練り上げて、実践する方法も身につく。また、模倣が成功する主な理由、失敗する主な理由がわかるようになるため、模倣の力を活かし、大きな課題を解決するための最適な戦略を選べるようになる。

本書を読み進むうちに、黒と白の対立する二つの色で見えていた模倣とイノベーションが、相補性や相乗効果を持つさまざまな色合いで見えてくるようになるだろう。模倣はイノベーションを妨げるものではない。イノベーションを成功させる原動力なのである。

第2章では、生物学、歴史、認知科学、ニューロサイエンスなどの視点に立って、模倣をさまざまな角度から見ていく。科学の世界ではかつて、模倣は原始的な本能と見られていたが、現在では、模倣は複雑で希少な能力であり、人類が生き残り、進化し、繁栄するのに欠かせない、きわめて重要なものだと考えられるようになっている。

第3章では、なぜ現代は「模倣の時代」なのかを問う。知識の形式知化、ビジネスのグローバル化・モジュール化が進んだことで、模倣はかつてないほど広まっている。模倣することは格段に容易になり、ペースは急激に上がり、模倣の収益性は大幅に高まった。こうした流れはこれからも続き、加速していくと見られる。このような状況はなぜ、どのようにして生まれたのか、その背景を考察する。

第4章では、模倣の中でも特に難しい「ビジネスモデルの複製」の事例を紹介する。サウスウエスト航空、ウォルマート、アップルをモデルに、成功例、失敗例を含めて、さまざまな模

倣の事例を検証し、一般的な原理を導き出していく。

第5章は、正しいモデルを選んで参照する能力、モデルの成果を支えている原因と結果の関係を解読するスキル、模倣プランをうまく実行する手腕など、模倣を成功させるために必要な能力について論じる。

第6章は、さまざまな模倣戦略を取り上げ、「どこを」「何を」「誰を」「いつ」「どのように」模倣するかという重要な判断をするためのアクションフレームワークを提示する。

最後の第7章では、本書の主張を簡潔にまとめ、イモベーションを成功させるための一〇カ条を紹介する。

第1章のまとめ

①ただ乗りからリープフロッグ（カエル跳び）まで、模倣にはさまざまなメリットがあるにもかかわらず、企業はそれを認識していない。

②模倣のペースは、イノベーションのペースをしのぐとはいかないまでも、それと同じくらい加速している。

③成功している模倣者は多いが、戦略的なプランニングを行う能力がないか、プランニングに失敗して、模倣につまずくケースもある。

④模倣はイノベーションと密接に結びついているだけでなく、正しく実行すれば、イノベーションを成功させる原動力になる。

⑤「イモベーション」とは、イノベーション（革新）とイミテーション（模倣）を融合させて、競争優位を築くものである。

The Science and Art of Imitation

第2章 模倣の科学と技法

考古学的研究が示しているように、古代には…（中略）…人間は私たちが想像しているよりもずっと外部に対して模倣的である。

——ガブリエル・タルド（一九〇三年）

模倣は、生物学的生命現象と社会的生活の基礎となる要素である。さまざまな種が模倣を通じて物事を学び、それを理解し、生き残り、競争し、進化している。それぞれが置かれている環境で繁栄するための習性や行動を獲得するための手段が、模倣なのである。模倣することによって、人間は言語などの重要なスキルを身につける。組織は学習して競争する。文化や社会は価値観や行動の規範を形作る。国家は他国に後れをとらないようにする。このように、模倣は欠かすことのできないメカニズムである。人類は道具を使い、能力を高めて生き残ってきた。その過程を支えたのは模倣である。模倣はまた、複雑な社会的伝統を世代から世代へと受け継がせるための手段でもある（＊1）。そして、模倣は人間が進化するうえできわめて重要な役

割を果たしている。模倣によって知識が伝達されるだけでなく、そこに改良が加わり、その改良が歴史的な時間の中で蓄積され発展していく「漸進作用」が働いて、新しいアイディアや技術、発明が伝播していくからである(＊2)。

第2章では、生物学から哲学、芸術、歴史、考古学、心理学、経済学、経営学、そして認知科学、ニューロサイエンスまで、幅広い学問領域に目を向け、そこで模倣がどのように扱われているかを見ていく。その目的は、さまざまな科学の領域における模倣に関する知識や経験的証拠から学び、ビジネスに応用できる教訓を引き出せるようにすることである。また、模倣にはさまざまな形態があることを知り、なぜそうするのか、その結果どうなるのかを理解して、正しく模倣することがいかに大切であるかを、本章で学んでほしい。さらに、模倣に対する学者の認識がどのように変わってきたかを論じ、科学界の模倣に対する見方が大きく変わる中で、統合的な学問領域とされる経営学がその流れに追いついているかどうかを問う。これは、模倣が至る所に存在する世界を進む中で、人間と人間以外の生物がどのような模倣戦略をとっているのかを知る最初の一歩になる。

生理学者のジャレド・ダイアモンドは、著書『銃・病原菌・鉄』の中で、模倣を抜きにして、人類が進化することはありえなかっただろうと結論づけている。完全に孤立した社会を除いて、新しい技術はそこで独自に発明されるよりも、外部の社会から取り入れられることが多いからだ(＊3)。たとえば、すべての文字システムは、ごくわずかな例外を除いて、シュメール文字かマヤ文字から派生的に改良されたか、少なくともそれに刺激されて考案されている。水

車、磁針などの重要な技術は、世界中で一度か二度発明されただけである。そのため、他の社会が追いつくには発明を模倣するしかない。そうしなかったら競合する社会に負けてしまう。「社会は自分たちより優れたものを持つ社会からそれを獲得する。もしそれを獲得できなければ、他の社会に取って代わられてしまうのである」（*4）。産業化を支えたのも、少数の類似した生産プロセスの出現だった。それがさまざまな産業に伝播し、応用されていったのである。

それからほとんど何も変わっていないようだ。アメリカのコンサルティング会社、ブーズ・アレン・ハミルトンの元取締役、ランダル・ローゼンバーグによれば、過去三〇年間にアメリカで大きな価値を創造した事業のアイディアは、突き詰めれば、パワーリテイリング（ホーム・デポのような大規模小売店）、メガ・ブランディング（ディズニーに見られるアンブレラ・ブランディング）、集中化・簡素化・標準化（マクドナルドに見られるプロセスの簡素化）、バリューチェーンの迂回（アマゾン・ドットコムに見られる中間業者の排除）の四つに行き着くという（*5）。

私たちの祖先は、模倣が持つ潜在的なメリットに気づいていた。哲学者のライプニッツは、布教のために中国に渡るイエズス会の宣教師に、「ヨーロッパの発明を中国に広めようとしなくていい。むしろ、中国の素晴らしい発明を本国に持ち帰るようにしてほしい。そうしなければ、中国への派遣から得られるものはほとんどなくなってしまう」と助言している（*6）。ローマ帝国では、広大な帝国が抱える多様な文化や制度を一つの傘に収める手段として模倣が使われていて、公教育で模倣の技法が教えられていた。

このように、西洋文明では模倣は高く評価されていた。ロマン主義の時代になり「創造性、

個性、天才性を尊重するエートス（道徳的気品）」が生み出されるまで、それは続いた（＊7）。古代ローマの学徒たちは、暗記や模写から、言い換えや解釈まで、さまざまな模倣の訓練を受けており、優れたモデルを慎重に選ぶように教えられた。模倣はいけないことなどではなく、独創性と創造力が求められる緻密な活動だとされていたのである。その証拠に、ローマの模倣教育には、**同じものの反復（再生産）**だけでなく、手本とするモデルからの逸脱を反映させる**差異を含む反復（変形）**、模倣者の創造的な洞察を織り込む**差異と反復（インスピレーション）**の技法も組み込まれていた。このようにして、模倣に革新性が持ち込まれ、模倣とイノベーションは密接に結びつくようになった。

　世界の貿易が盛んになると、模倣は輸入代替として始まることが多くなった。つまり、それまでは外国から輸入していた財を国内で生産する手段として、模倣が使われるようになったのである。しかし、身体的な特徴が遺伝によって複製されるのとまったく同じように、移転された技術、素材、アイディアは「結合され、変形され、選択されて」、新しい技術や新種の商品を生み出していった（＊8）。ヨーロッパ人が何世紀もかけて中国の磁器の模倣にようやく成功したときには、中国の磁器の美しさと、その当時の新しい製造技術を結合させようとしている。「ヨーロッパ人は、中国の磁器を模倣する中で新しい種類の磁器を生み出しながらも、原型の作風を再現することに力を注いだ」と、ある評論家は書いている（＊9）。

　模倣は恥ずべき行為ではなく、誇るべき技術だった。模倣への反発があるとすれば、それは社会規範や階級的利害に起因していた。それまでは貴族階級だけのものだった陶磁器が中産階

級にまで広まると、貴族はそれを自分たちの地位に対する攻撃だと見なした。一方で中国人も、ヨーロッパに輸出する皿や花瓶にヨーロッパの図柄を取り入れ、東西の美を融合させている。こうした相互模倣から、新しい創造的な様式が生み出された。ピーボディ・エセックス博物館でアジアの輸出美術品コレクションの責任者を務めるウィリアム・サージェントは、それを次のように言い表している。「このような芸術の相互作用は…（中略）…磁器に多くの豊かな実りをもたらした。変容の過程で失われるものはなく、幾度となく変化を繰り返し、折に触れて改良が加えられ、時には新しいものを取り入れながら、いつの世も人々を魅了し続けている」（*10）

日本は卓越した模倣者として知られている。日本は八世紀頃に、中国の言葉や統治制度を取り入れて適応させた。一九世紀の明治維新でも、イギリスの海軍、ドイツの陸軍、アメリカの銀行など、西欧のモデルを模倣した。モデルを選定する際には、欧米に使節団を派遣して、日本よりも優れていると感じた要素を徹底的に調べ、それを日本の脈絡に合わせて作り替えている。複数のモデルの要素を交ぜ合わせることもあった。日本の教育制度は、フランスとドイツとアメリカの慣行を取り入れたものだ（*11）。第二次世界大戦後には、日本企業はアメリカの自動車をリバースエンジニアリングし、リーン生産方式を編み出して、製品と生産プロセスの両方でイノベーターになった。リーン生産方式はその後、アメリカの自動車メーカーはもとより、航空機メーカーや病院などにも模倣されるようになった。

アメリカのピアノメーカーはドイツの技術をコピーしたが、それを今度は日本のピアノメー

カーが模倣した。その後、日本のメーカーを韓国のメーカーが模倣し、ついには韓国のメーカーを中国のメーカーが模倣するようになった。スイスは高度な時計製造技術を有することで知られるが、その技術は当時、時計製造が進んでいたイギリスやフランスから獲得したものだった。しかし、その数世紀後には、日本、韓国、台湾、そして最後には中国本土の模倣者に市場の大部分を譲り渡している。模倣者たちは当初は価格で競争していたが、やがて製品の性能を高め、新しい技術を開発するようになったのである。

さまざまな生物種の模倣

生物学では、真の模倣（完全な模倣）は、他者の行動を観察することによって、その行動の手段—目的関係の構造を理解し、新奇な行動を習得することと定義されている。生物学における模倣には、真の模倣には満たない模倣の形態がある。行動の結果だけをなぞる**エミュレーション**、行動は真似るが、目標に達するための手段として学習されていない**反応プライミング**がそれにあたる。また、これ以外にも、真の模倣に達しない行動複製の形として、カモのヒナが動く対象物を親と認識して後を追っていくといったような、一種の本能的な行為である**刷込み**、その種に典型的に見られる振舞いをするようになる**感染**（ミメシス、反応促進とも呼ばれる）、そして**擬態**がある。

『ブリタニカ百科事典』では、擬態は次のように定義されている。「分類学的な関係が強くな

い複数の種同士が似通った模様になること。被食回避効果などの利点がある」。擬態は、植物や昆虫から、鳥や動物まで、幅広い属に見られる。たとえば、ロベリア・カーディナリスの花は、蜜を出して花粉を媒介する鳥や昆虫を引き寄せるのではなく、ハチドリが花粉を媒介する花に似せることで、鳥や昆虫を呼び、花粉を媒介させる。昆虫は、食べると不味い別の昆虫の外見をコピーして、天敵から身を隠し、クモは花の色に同化してエサをおびき寄せる(*12)。マーケティングであれば、消費者に外見や形の類似性から品質や機能を類推させることも、擬態の例にあたるだろう。

動物にとって、模倣はきわめて重要な意味を持つ。模倣は、ライフサイクルにおける重要な決断を左右するものだからだ。一例として、メスは交配する相手を選ぶときに、他のメスがどのような相手を選択しているか観察して、それを真似る傾向がある。リスクの低い優れた戦略だ。選択眼が養われるにしたがって、それを真似るメスも良い相手をうまく選べるようになる。模倣者は、最初に実験した者や、自分よりも良い選択をした他者を模倣した者の最善の選択に倣うためである。

ところが、模倣者が集団の大半を占めるようになると、その優位は次第に失われていく(*13)。経済活動でも、これとまったく同じ現象が起こる。パイオニア(あるいはイノベーター)や迅速な模倣者の行動を大半のプレイヤーがコピーするようになると、先行する彼らの優位は崩れ、やがて消える。医薬品業界での経験が長いプロローグ・リサーチ・インターナショナルのトム・ルドラム・ジュニア社長兼CEOは、処方薬の市場に六社か七社が参入したとたんに、価

格決定力はほとんどなくなると述べている（＊14）。

生物学者は、模倣にはメリットがあることを十分に認識している。たとえば、生存に不利な形質を持つ大型の類人猿が過酷な環境を生き延びることができたのは、模倣能力があったからだとされる。大型類人猿の他、ある種のサル、イルカ、鳥（オウムなど）をおそらく例外として、人間以外の生物は、擬態、刷込み、感染といった単純な模倣しかできない。**不透明な状況下での模倣**（自分で直接観察できないため、他者の視点に立って物事を考えるなどして「推理」しなければいけない行動を複製することが求められる）のような高度な模倣はできないのである［訳注：不透明な状況下での模倣の例として、ヒトの幼児は、たとえ自分では自分の顔の表情が確認できなくても、相手の表情を真似る］。最近のニューロサイエンスの研究から、マカクザルにミラーニューロンがあることが明らかになっている。ミラーニューロンは、複数の感覚刺激に反応する複雑な形で他者を模倣することを可能にする神経細胞だ。しかし、大半の動物は真の模倣（完全な模倣）の根底にある複雑に入り組んだ手段—目的関係の構造を読み解くことはできないとの見方が支配的である。実際、多くの生物学者が、人間と他の生物種を区別するものは模倣能力だと考えている（＊15）。

生まれたばかりの赤ん坊は、学者に「模倣機械《イミテーションマシーン》」と呼ばれるほど頻繁に模倣する。赤ん坊は模倣を学習するのではなく、模倣によって学習するのであり、生まれる前から試行錯誤学習がすでに始まっていることが、最近の研究から明らかになっている。赤ん坊は、生後すぐに親の表情や声はもちろん、手指の動きを真似る。生後六週間ですでに遅延模倣ができるようにな

り、二四時間前に行われた動作を反復できる。生後三カ月で初期模倣は見られなくなり、より高度な模倣をするようになる。模倣する対象の意味と関連性を理解できるようになるのも、この頃である。

子どもが成長するにつれて、模倣はどんどん複雑になる。大人になっても、模倣は続く。お互いを観察し合い、さまざまな社会的状況で自分をどのように見せるべきか、どう振る舞うべきかを学び取っていく。当然ながら、ヒトはプラスの結果を生みそうな行動を模倣する傾向が特に強い。この点については、経済学者も認めるようになっている(＊16)。

対応づけの問題を解決する

真の模倣をするには、複雑な行動を一つひとつの要素に分解して、それを再び組み立てる能力が求められる。人間にそれができるのは、高い認知・知覚能力があるからだ。認知能力が高いほど、模倣行動をとれるようになるし、模倣の精度も高くなりやすい。

同様に、対応づけの問題に取り組み、これを解決するときにも、認知能力は不可欠である。対応づけの問題は、模倣研究の中心的な課題であると広く考えられている。この問題は、視覚系(行為を観察する)で用いられているコード化パラメーターが、運動系(新たに獲得した行為を実行する)で使われるものと違うために発生する［訳注：自分が観察した行為を実際に自分自身で行えるようにするには、視覚情報を運動情報に「翻訳」しなければならない］。モデルを正しく変換し

て、原型に観察されるものと同じ結果を生み出すコピーを作り出すには、対応づけの問題を解決しなければならないとされている。モデルとコピーの要素同士を対応づけるには、「受容→理解→類似した行為への変換」という、一連の段階を踏む必要がある。

実生活の中で起こる対応づけの問題を解決するには、モデルのシステムと、模倣者のシステムという二つのシステムを一つひとつの要素に分解して組み立て直すだけでは足りない。翻訳というものがすべてそうであるように、うわべの意味をただなぞるのではなく、その根底にある意味をすくい上げ、必要があれば解釈し直さなければならない。そのためには、それぞれの環境や心理モデルを深く理解しなければいけない（＊17）。

模倣の再定義——本能から知的な行為へ

プラトンは、芸術家は「見える姿」を真似て写すことしかできないため、真実から遠く離れたところにあることになると批判している。プラトンは、画家は物事の本質から二段階離れているとして、画家を大工よりも下に置き、真似の技術とはよこしまなものであって、「無能なる者」がする劣った行為だと暗に非難した。初期の芸術学者も、模倣は「機械的で再生的」なものであるとしていた。しかし、模倣に対する見方は時代とともに変わり、模倣は単なるコピーではないと見なされるようになった。模倣に対する見解は洗練されて複合的になり、**肖似性**（まったく同じであること。これを達成するのは事実上、不可能である）、**模倣的**または**類推的**（モ

デルと比較して判断される）、**表出的**（同一のものでも、似ているものでもないが、「それが表すものを象徴し、想起させるもの」になる）など、さまざまな形態に区分されるようになった（＊18）。

歴史学者も、最初は模倣を否定的に見ていたが、やがて、模倣は創造的で知的な行為であり、模倣の対極にあるとされるイノベーションと密接に結びついていると考えるようになった。アーサー・チャイルドは、歴史家が写し取るものは「自分の目の前にあるもの」ではないため、「逆説的ではあるが、歴史家は、模倣再現するがゆえに、創造しなければならない」と書いている（＊19）。歴史学者は今では、自分たちの仕事は「実際にあった出来事を模倣再現する中で、歴史的研究の成果を叙述」して、歴史学者のいう「模倣としての歴史」を構築し、美学、物質的文化、技術革新などの重要な歴史理論を支えることだと見ている。こうした歴史理論は、模倣とイノベーションは対照的な活動ではなく、むしろ表裏一体のものであるという視点に立っている（＊20）。

生物学者と認知科学者も、同じような変遷をたどっている。最初は、模倣は低次の能力と軽んじられていた。模倣は精神的に弱い人間や幼稚な人間によく見られる行動であり、試行錯誤に比べてはるかに楽なプロセスとされた。一九世紀の博物学者も、模倣には懐疑的な見方をしており、「自分で考える能力がほとんどない女性、子ども、未開人、知的障害者、動物」に特有のものと考えていた。模倣が「これまでに考えられていたよりも希少で、高い認知力を必要とする能力」であることが示されたのは、一九世紀末のことである。一九二六年には、社会学者のエルスワース・フェアリスが模倣を「原始的な本能」とする見方に疑問を投げかけてい

る。低劣で頭を使わない「小細工」とされていた模倣は、ついに、複雑で「高度な知性の表出」が要求されるものであると認識されるようになった。生物学者は今では、模倣は種の生存、適応、進化に不可欠なものであると認めている。模倣は、遺伝的な素因のある「種に典型的な」行動と、個々の試行錯誤との間にある重要な隙間を埋める。その結果、気候変動などの重大な変化に適応できるようになるし、自己実験をして生命を犠牲にするようなこともなくなる（*21）。

同じような変化は、行動科学でも見られる。行動科学では、模倣はかつて「他者の行動と同じ行動をとること」と定義されていたが、現在では、学習によって獲得された反応であり、因果関係を探る知的な行為であり、特別な能力であると見られるようになっている。模倣能力は希少な才能であって、種や亜種、個体に偏在しているとされる（*22）。

それなのに、ビジネス戦略はいまだにイノベーション信仰に縛られている。優位性を維持するにはイノベーションを起こすしかないという考え方を捨てようとしない。模倣は誰にでもできる劣った行為だと、暗に考えられているのである。

経営学は遅れている

経済活動も基本的には、生物学的生命現象とも、社会的生活とも、そう大きく変わらない。経済学者は「成功する企業が現れると、他社はそうした企業に共通する要素を事業が成功する

要因であると考え、利益や成功を追求するために、それを模倣する」ことを認めている(*23)。また、「他の人が先にとった行動を観察して、それと同じ行動をとることが最適であると判断すると、自分が持っている情報を無視して、周りの人の行動を真似る」状況を表す用語として、**情報の連鎖**というものがある。他にも、良い結果を生み出している経路をたどることによって、模倣行動が合理的になりうることを示す**合理的群衆行動**という言葉もある(*24)。このように、経済学者は「他のどれより効率の良いルールは、他者の行動を観察して、それを模倣することである」という見方を受け入れている(あるいはそうした見方を「模倣」していると言ってもよいかもしれない)(*25)。

経済学者、そして、経済学者をコピーする戦略論の研究者たちは、模倣することが合理的な場合もあることは認めているが、模倣を知的な行為であるとはほとんど考えていない。むしろ、模倣を「幼稚な学習」の一種と決めつけている。科学界のコンセンサスとは対照的だ。模倣は創意に富む行為であり、「創造的な芸術」と呼ぶにふさわしいと述べたアダム・スミスの訓戒を忘れてしまったかのようである(*26)。彼らが支持しているのは、ヨーゼフ・シュンペーターの主張である。シュンペーターは、イノベーターを突き動かしているのは「成功から得られる果実」ではなく「成功そのもの」であると論じて、イノベーターという言葉をほとんど宗教用語の域にまで高めている(*27)。それは良いことだ。なぜなら、目に見える利益はイノベーターの手に入らないことが多いからである。前に述べたように、イノベーターはイノベーションの現在価値の二・二%しか獲得していないことが、大規模な調査で明らかになっている。イ

ノベーションの効果は一時的なものなのである（＊28）。イノベーションの価値の大半は他でもなく、シュンペーターが嫌悪する「群集」、そう、二番煎じのコピーキャットのところに行ってしまっているようだ。

経済学者の間では、シュンペーターの主張が圧倒的に支持されている。そのため、チューインガムのリグレー、ビールのミラー・ライトといった業界のトップブランドが、実は、成功した模倣者であり、今では影が薄くなったイノベーター（チューインガムならブラックジャックやアメリカン・チクル、ライトビールならラインゴールドのガブリンジャーズ）をゲームから追い出していることを知ると、驚く人が多い。真のイノベーターがすでに退場してしまっているので、模倣のメリットは過小評価されがちである。後発企業に敗れたパイオニアルーザーは市場の七％しか獲得していないことを示す調査結果がある。**パイオニアルーザー**はたくさんいるはずで、そのパイオニアルーザーを含めると、模倣者はイノベーターと同等かそれ以上の成功を収めている。イノベーターをはるかにしのいでいる例も多い。また、早期追随者は、実際には迅速な模倣者であるにもかかわらず、パイオニアと一括りにされており、この早期追随者をパイオニアから外した場合も、模倣者の成果はイノベーターを上回る。

イノベーションの真のコストを分析に反映させた場合も、また、独占が永遠に続くというような非現実的な前提を置くシミュレーションを使わずに、現実に即した設定を行った場合も、模倣者のほうがイノベーターよりはるかに大きな成功を収めている。イノベーションの優位性を支持する証拠を見つけている研究でさえ、「平均的な効果は、一部の研究者が示唆している

ほど劇的なものではない」こと、そして、「今日のイノベーションには、これまでのような競争優位はないかもしれない」ことを認めている（＊29）。ある論文レビューは、「利益率と新製品導入率の間にはプラスの関係があるという仮定は広く使われているが、公表された文献には、その仮定を実証的に裏づける強力かつ直接的な証拠はない」と結論づけている（＊30）。

模倣がプラスの結果を生んでいることは繰り返し示されているにもかかわらず、学者も実務家も、模倣の価値をなかなか認めようとしない（＊31）。組織学習の研究者であるエドウィン・マンスフィールドは次のように書いている。「イノベーターはイノベーションの利益をすべて受け取り、模倣は無視できるという前提を置く……（中略）…傾向がある。こうした前提がどれだけ便利なものであるかはわかるが、私たちの研究結果は、その前提が現実から大きくかけ離れているものであることを示唆している」（＊32）。組織能力を研究するデビッド・ティースも、企業は「顧客ニーズを満たす新製品を開発すれば素晴らしい成功を手に入れられるという誤った幻想の下で努力している」が、現実には、「迅速な二番手はもちろん、遅い三番手でさえ、イノベーターの成果を上回るかもしれない」と述べている（＊33）。

イノベーションが期待どおりの成果をあげないと、経営者も戸惑う。サムスンを訪れた日本のある研究所の役員は、「総合的な技術力は日本よりまだ遅れているにもかかわらず、なぜ実際の生産量が日本の企業より多いのかを知りたい」と語っている（＊34）。「その背景には、本当にそれだけの力があるなら、何か他のものを独自に生み出しているだろうという考えがある」と、ペプシコの元シニア・バイスプレジデント兼トレジャラーのライオネル・L・ノウェルは

語り、こう言い添えた。「イノベーションは熱狂を呼び起こすが、模倣は淡々と行われる」(＊35)

模倣の反攻

なぜ、模倣は過小評価されているのか。非難されている理由の中でも特に大きいのは、模倣がセオドア・レビットの言う「イノベーションの神」に対する異端と見なされていることだ(＊36)。私たちは自由意志、自主性、独立心という理想を大切に育んできた。模倣はそれに逆行するものであり、したがって、私たちの自己意識や独立独歩の精神を脅かすものとなる(＊37)。

こうした価値観が影響して、模倣は低く評価されている。アメリカは個性を尊重する国であり、数々のイノベーションを生み出してきた歴史があるため、その傾向が特に強い。二〇世紀の十大発明のうち、八つがアメリカで生まれている。ラジオ、テレビ、テレビ放送、航空機、大量生産車、無線電話、商用携帯電話、パーソナルコンピューターがそうだ(＊38)。アメリカ国民は自国のイノベーション能力を重要な競争優位と位置づけている。社会はイノベーターに敬意を払い、子どもたちは「二番では駄目だ」と教えられる。有名な『マイ・ウェイ』の歌詞にあるように「(自分の)信じたこの道」を行くのではなく、他者が拓いた道をたどっているのだと認めることはためらわれる。

日米貿易摩擦が激しかった頃、「創造的模倣」を体現する日本を目の当たりにして、アメリカの経済学者は「なぜ、アメリカはこんなに模倣が下手なのか」と自問した。アメリカはイノ

ベーション信仰にとりつかれていて、研究開発の研究部分に全精力を注いでいる。これに対し、日本は開発部分に的を絞り、小さくて漸進的な改善を積み重ねている。模倣したモデルをベースとして使っていることも多い。これが経済学者たちの出した答えだった(*39)。第二次世界大戦後、日本の自動車メーカーはアメリカの自動車を模倣することから出発した。その当時、日本車メーカーは取るに足りない小さなコピーキャットにすぎず、アメリカの自動車メーカーは歯牙にもかけていなかった。そんな日本のコピーキャットたちは、産業用ロボットから家庭用ビデオデッキまで、さまざまな製品分野を支配するようになった。どれもアメリカで生まれたものばかりだが、日本企業の手によって、新しい商品に生まれ変わり、成功を収めたのである。一九九一年には、模倣者である日本企業は、新製品が利益の四四%を占めていたのに対し、イノベーターであるアメリカ企業は、二八%にすぎなかった(*40)。

皮肉な話だが、日本企業が模倣していたのは、イノベーションの神が降臨する前のアメリカがかつてとっていた手法だった。一九六八年の調査によると、アメリカは、第二次世界大戦後に発明された一四〇の重要なイノベーションのうち、八四を生み出しているだけでなく、その逆のケースはほとんど見つかっていない(*41)。別の研究も、アメリカ企業が第二次世界大戦後に技術面、商業面で世界をリードするようになったのは、「独自の発明やまったく新しい製品を生み出す能力があったからというよりも、大幅に改良されたモデルを次々に開発して、新しい機能を設計に取り込み、性能を格段に高めることに成功しているからだ」と結論づ

「ヨーロッパで生まれた基礎研究や発明の成果を製品化して、商業的な成功につなげている。

けている（＊42）。アメリカ企業が一流のイノベーターであり続けていることは間違いない。だとすると、アメリカ企業が失っているのは模倣能力であり、それとともにイモベーション能力も失われていると言わざるをえない。

第２章のまとめ

①模倣は、あらゆる種の生存、進化、繁栄に重要な意味を持っている。
②完全な模倣をするには、手段―目的関係の構造を深く理解しなければならない。
③模倣はかつては原始的な本能と見られていたが、現在の科学界では、模倣は知性を求められる複雑で創造的な行為であり、少数の生物にしかできない試みだと考えられている。
④経営学者の見解は遅れており、模倣は稚拙な行為であって、成功し続けることは難しいという考えに固執している。まったくの見当違いである。
⑤アメリカ企業は自らの模倣能力を失っており、イモベーション能力を失ってしまっている。

The Age of Imitation

第3章 模倣の時代

途上国は労働力が安価であるため、先進国の製品を模倣することで、たとえ初期に技術格差が大きかったとしても、技術格差を縮小させることができる。

——田中仁史（二〇〇六年）

生理学者のジャレド・ダイアモンドは、社会は自分たちが不利な立場に立たされていると認識したときに模倣する傾向があるが、競争がない場合には、進んだ技術に背を向けていられると書いている。たとえば、日本は数百年前に銃火器という重要な軍事技術を拒絶したが、それができたのは、当時の日本が鎖国をしていたからだった（＊1）。

現代では、どの国も、どの企業も、そんなぜいたくは許されない。グローバル化が進んだことで、誰も競争圧力から逃れられなくなった。企業は、発明するか適応するかしなければ（私としては、発明と適応の両方が必要だと言いたい）、このゲームから取り残されてしまう。技術革新

のペースは速く、商品やモデルはすぐに陳腐化する。目新しい商品や改良品が現れれば、発明者や先行者は大きな打撃を受ける。知識が形式知化され、標準化が進み、新しい製造技術が開発され、人材の移動が活発になったため、コピーが容易になっているのに、法的な保護は弱くなっている。人々の嗜好も収斂している。それを後押ししているのがベストセラーリストの類いだ。リストを目にした人は、何百万もの人が読んでいる本なのだから読んでみようかという気になるし、作家は二匹目のドジョウを狙って、流行のテーマを複製する（＊2）。

新薬の開発には一〇億ドルかかり、新車の開発には倍の二〇億ドルかかる。そのため、ノウハウを盗もうとする誘惑が強くなっている。そうすれば開発コストを抑えられるし、投資も少なくてすむ。社内の取組みが結果を生むのをじっと待つ必要もない。期待外れの結果に終わるリスクは、もちろんない。イノベーションを熱烈に信奉しているベンチャーキャピタル業界でさえ、投資ポートフォリオ全体のリスクを低減させるために、模倣をベースとするプロジェクトを支援することもある。一例を挙げると、中国で数多く見られるYouTubeの模倣者は、ベンチャーキャピタルの出資を受けている。アメリカの化学メーカー、アシュランドのジェームズ・Ｊ・オブライエン会長兼ＣＥＯは、「マーケットの規模があって、消費者が自分たちの求めている商品やサービスを手に入れるさまざまな流通チャネルがあれば、どんなものでも模倣される」と話す（＊3）。

グローバル化から、知識の形式知化まで、いくつもの要因が今も同時発生的に起こっている。その結果、現代は模倣の時代になっている。知識が伝播していく経路が広がるとともに、

新しい伝播経路が生まれていることも、この流れを加速させている。これほどの条件が揃ったことは過去に例がない。そのため、これまで以上に幅広い製品、サービス、プロセス、ビジネスモデルで、模倣がさらにしやすくなっているだけでなく、模倣のコストは下がり、メリットは大きくなり、潜在的なリターンも高まっている。こうした新しい現実の下では、模倣は企業にとって不可欠な戦略的要素になり、無視することはできなくなっている。ヒューレット・パッカード（HP）の元幹部で、現在は自分が立ち上げた新興企業のトップであるスティーブ・ダンフィールドが言うように、「偉大な天才たちが発明発見する時代は終わっている。効果的な戦略として、賢く模倣することが求められている」（＊4）。

本章では、なぜ、模倣が増えたのか、なぜ、模倣はこの先さらに広がり、コスト効率が高くなると見られるのか、その背景を説明する。最初に、模倣の主な原動力を分析する。次に、模倣が生まれる主立った経路を見ていく。そして最後に、模倣を食い止めてきた従来の防御が崩れ、ほころびを見せ始めているという問題を取り上げる（模倣に対する防御については、第7章でさらに詳しく論じる）。次の第4章では、模倣して大きな成功を収めた企業のさまざまな事例を見ていく。本章の考察はその事例研究の基礎になる。

グローバル化が生み出す新しい模倣の競争条件

世界の人口が増え続けているため、「発明する可能性のある人間の数、競合する社会の数、

利用可能なイノベーションの数は増えており、イノベーションを受け入れるように促す圧力もその分強くなっている。新しい技術を受け入れなければ、競合する社会に負けてしまうからである」(＊5)。より多くのプレイヤーを引き入れるという意味では、グローバル化も同じような効果を生む。グローバル化が進むと、市場参加者の数は急増し、多様性も大幅に高まる。そうして、何十年もかけて築かれた寡占状態は崩れていく。

その縮図が、アメリカの自動車市場である。同市場は、かつては「ビッグスリー」と呼ばれるアメリカの三大自動車メーカーが支配していた。しかし現在は、数十社が市場でひしめき合い、新規参入者が次々に現れている。日本の自動車メーカーは、当初は低価格車市場にとどまっていたが、今ではエントリーカーや中級車で強力な地歩を維持しながら、高級車市場で確固とした地位を築いている。その日本車がたどった道を、韓国ブランドが猛追している。中国の奇瑞《チェリー》汽車などの新規参入企業や、フランスのルノーなどの老舗メーカーも、激烈な競争の列に加わる機会をじっとうかがっている。

この構図は他の産業でも現れている。医薬品業界では、中国とインドには合わせて二万社以上の医薬品メーカーがあり、そのうちの何社かは将来、重要なプレイヤーになるはずだ。こうした新規参入者には、後発医薬品をもっと広く利用できるようにするための技能も設備もある。この先、価格を押し下げて、イノベーターと、先行する後発医薬品メーカーの両方にとって、脅威になるだろう。玩具業界では、マテルとハズブロはまだ市場シェアでは圧倒しているかもしれないが（市場分析会社のデータモニターによると、二〇〇七年の市場シェアはマテルが七・

八%、ハズブロが五・三%)、世界の玩具市場の八割を占める中国には何千というプレイヤーがいる。その中の一つがグローバルブランドの仲間入りをするのは時間の問題だろう(*6)。

商用ジェット旅客機は資本・技術集約型の産業で、ボーイングとエアバスという二大プレイヤーが独占してきた。しかしそこでさえ、ブラジルのエンブラエル、カナダのボンバルディアなどの新規参入者の圧力が高まりつつある。両社はビジネスジェットや地域路線用ジェット機を製造しており、大型モデルはボーイング機やエアバス機と競合する。中国の地域路線用ジェット機メーカーの航空機も処女飛行テストを予定しており、じきに市場に参入してくるだろう。中国のコンソーシアムは大型商用旅客機の開発を進めている。世界で最も需要が大きい国内市場を抱えているのは強みだ。ボーイング707型機をコピーしたY-10型機の開発は中止されたが、今回は就航にこぎつける見通しである。

新興市場からの新規参入者は、資本やノウハウの不足を補うため、模倣に大きく頼っている。以前から存在するが、市場や企業にとっては新しい技術を借用するので、研究開発しない分だけ、コストを下げられる。これは競争上、大きな優位になる。東アジア諸国の製造業が産出する総付加価値の世界シェアは、過去二〇年間で四倍以上に伸びている。しかも、この数字にはインドやブラジルは含まれていない。経済成長が続く新興国のプレイヤーの存在感はかつてなく高まっている。

その背景には、携帯電話、コンピューター、インターネットなどの新しい技術のインフラを維持するコストが下がったこと、そして、こうした新技術は既存の技術と簡単に結合させられ

るということがある(＊7)。新規参入者は、技術をいったん手に入れると、低い賃金、緩い規制、保護されて成長を続ける国内市場、知的所有権の侵害を見て見ぬふりをする傾向がある地元当局をテコにして、参入障壁を乗り越える。その中から少なくとも漸進的なイノベーターになる企業も、少数ながら出てくるだろうが、大部分は模倣を中核的な戦略に据え続けるだろう。どれだけ経験やスキルが不足していようと、粘り強く、試行錯誤を徹底的に繰り返して、それを補う。アメリカのバテル記念研究所のカール・コート社長兼ＣＥＯは、こうした企業の出現で、有名な八〇対二〇の法則が書き換えられていると語る。新興国のプレイヤーは八〇％の確率で失敗するかもしれないが、成功するまで八〇回トライすると言うのだ(＊8)。

石器時代の農民は、鉄を取り出せるようになるまでに、何千年もかけて軟らかい金属を加工する技術を培い、簡単な窯を発展させてきた(＊9)。現在では、重要な知識はものの数年で伝播することがあり、そうした知識の多くは吸収される。ＷＴＯ（世界貿易機関）は技術移転を投資設立条件として要求することを禁止しているが、高成長が続く新興国の政府は、国内企業への技術移転を要求することができる。一九九九年から二〇〇四年の間に、多国籍企業の研究開発集約度は平均で二・五％から三・六％に上昇した。中国では、アメリカ企業の現地法人の研究開発集約度が九％を超えており、この傾向は加速する見通しである(＊10)。

同時に、新興市場の企業は海外進出に踏み切り、買収や提携を通じて、技術資産を取得している。世界金融危機以降、この流れが急激に加速している。自動車業界一つをとっても、中国企業は、ハマーやボルボなど、有名な自動車メーカーに次々に買収攻勢をかけている。新興国

は自国の科学技術教育も強化している。さらに、優秀な人材を先進国に送り込んで、先進企業の知識や慣行、豊かな国の顧客の行動に触れさせている。

今では、アメリカの外国人留学生で最も多いのが中国人で、その次がインド人になっている。大学院の工学系コースは留学生が特に目立ち、外国人学生が半分以上を占めることも珍しくない。外国人学生の多くは数年間滞在して実践的な経験を積むが、その後に帰国するケースが増えている。本国には大きな成長機会があること、政府が留学生の帰国を手厚く支援していることが、その理由である。中国人大学院生の帰国率は三〇％を上回り、さらに上昇している。韓国人留学生の帰国率はすでに九〇％を超える。留学生の帰国が進めば、新興国は新しい技術や製品アイディアを獲得するだけでなく、それを吸収できるようになる。その結果、価格面だけでなく、製品特性面も強力に差別化する創造的模倣を行う能力が高まる。

バリューチェーンのモジュール化

バリューチェーンがモジュール化されたことで、新規参入のハードルが低くなっている。技術集約型、資本集約型の市場に進出するには、以前なら、何十億ドルも投資して、何十年間も経験を蓄積して、確固たる評判を築き上げなければならなかった。新規参入しやすくなった例が、携帯電話である。携帯電話技術が無線集積回路、ＲＩＳＫ（縮小命令セットコンピューター）チップ、アプリケーションソフトにモジュール化されたため、寧波波導や夏新電子といった中

国の新規参入者は、サードパーティーモジュールを韓国の設計ノウハウと結合させて、中国市場の半分以上を獲得することができた（＊11）。

上海とシリコンバレーに拠点を置くファブレス半導体メーカーのスプレッドトラム・コミュニケーションズは、半導体、ソフトウェア、マルチメディア、電源管理など、携帯電話に必要な機能をすべて統合したシングルチップ・ソリューションを提供している。このプラットフォームを使えば、携帯電話メーカーは標準的なパッケージを外観とサービスで差別化して、素早く低コストで市場に参入できる。このように、模倣戦略をとろうとしている企業の仕事は格段に簡単になり、迅速化、低コスト化している。

同じ現象は、他の製品セグメントでも見ることができる。低価格薄型テレビを販売しているビジオは、わずか六〇万ドルの資本金で立ち上げられた。その会社が今ではアメリカ市場で一二・四％のシェアを握り、あのソニーと肩を並べている。同社は研究開発や製造に投資していない。株主でもある台湾のＯＥＭ（相手先ブランド製造）メーカーと契約して、コストコ、ウォルマート傘下のサムズクラブなどの大規模小売店を通じて販売しており、こうした小売店の市場に関する知識、梱包、物流を活用している。その結果、ビジオは競合企業よりも安く売ることができるし、価格優位性をさらに高められるだけの規模を短期間で構築することもできる（＊12）。

競争相手のひしめく市場にビジオのような企業が参入するには、かつては何十億ドルも投資して、強固な技術基盤を築く必要があった。しかし、アウトソーシングの波が押し寄せ、これ

までは一つの会社の中に存在していた知識や資源が分散するようになったため、新規参入が容易になっている。それと同時に、柔軟性が高く、少量生産で収益を確保できるサプライヤーの集積が進み、こうしたサプライヤーをいつでも利用できるようになって、新規参入の壁はさらに低くなっている。「中国には、一つの区画がすべて靴材料メーカーで埋め尽くされているようなところがある」と、中国に事業を移転したアメリカの靴メーカーのオーナーは言う。「そこなら、靴ひもを一万組でも、一〇組でも、好きに買うことができる」(*13)

そのサプライヤーたちの多くも、他社からの注文を受けて生産することからスタートするが、やがて模倣に方向転換して、単独で事業を展開し始める。最初は最終製品メーカー向けに製造しているものをそのまま複製する。しかしその後、少しずつ製品の種類を増やしたり、大規模小売店と直接手を組んで、競争相手よりも安い価格で自社製品を販売したりするようになる。カギとなる高度な要素がなければ、知的資源のリターンを最大化したがっている先進国のプレイヤーから調達すればいい。サムスンはそのやり方でイノベーターになった。中国やロシアの航空機メーカーも、今まさに欧米諸国で高度な要素を調達している。独占供給契約を結ぶのを嫌がるバイヤーが多いこともあって、OEMメーカーは獲得したノウハウをしばしば別のバイヤーに移転したり、盗用したりする。法的な保護が弱い場合は、その傾向が特に強い。このように、模倣の能力面での障壁は崩れている。これはコモディティ化した製品に特に当てはまるが、それに限った話ではない。

知識の形式知化

これまでに述べたとおり、模倣は容易になり、低コスト化している。その大きな要因となっているのが、**知識の形式知化**である〔訳注：明確な形で表現されていない知識である暗黙知に対して、形式知は形式的・論理的言語によって伝達できる知識〕。知識の形式知化とは、分散している断片的な知識を体系化して、統一された形式に変換することをいう。低コストのオートメーションが普及したため、膨大な情報を形式知化・数量化することが可能になった。その結果、知識がコモディティ化して、売買や複製ができるようになっている。

形式知化された情報は、青写真や定式化された形で示されるので、簡単に貯蔵、探索、利用、移転され、スピードも、精度も、整合性も高まる。電子コミュニケーションが発達したことで、形式知化の変動費用さえ下がっている。そのため、情報を形式知化する採算が上がり、形式知化をさらに進めるインセンティブが生まれている。

これが特に当てはまるのが、システムが大きくて「再結合、再利用、累積性」が求められる場合や、複雑な問題に対処する場合である(＊14)。そして、シミュレーション技術や人工知能のおかげで、暗黙知だった情報まで形式知化できるようになっている(＊15)。形式知化を促進する最後の要因は、国際標準規格、ベンチマーキング、ベストプラクティス、そして、それらを広めるコンサルタントたちである。P&Gの副会長兼CFO(最高財務責任者)を務めたクレイトン・C・デーリー・ジュニアは、コンサルタントを雇うということは、「たいてい他の誰かが

言っていることとほとんど同じことを言う者を雇うということだ」と語る(*16)。

形式知化された知識はコモディティ化し、買うことも(あるいは盗むことも)、売ることもできるし、複製することも、もちろん可能になる。生物学者の観察によると、知覚と行為が同じ枠組みで符号化されていると、知覚を行為に翻訳する必要がなくなるため、模倣がしやすくなる(*17)。知識の場合も、ISO(国際標準化機構)などの国際標準が世界共通言語になっているので、形式知化が可能になり、オペレーションの透明性が高まる(*18)。

「モデル言語」が作られて、固定費用が下がると、**私的な知識**を構築するコストが非常に高くなる。私的な知識とは、本人しか使うことができない保護された言語である(*19)。保護言語があると、他者から学ぶことも難しくなる。P&Gは、自社の社員とグーグルの社員をそれぞれの研修プログラムに参加させるという人事交流を試みて、この問題にぶつかった(*20)。形式知化のコストが下がっているため、形式知化された知識の価値が上昇すると同時に、知識を利用する全体的なコストが低下している(*21)。

システムの規模がとても大きい場合には、数多くの行為者の補完的な活動を調整することになるので、形式知化によって効率性は大幅に向上する(*22)。プロセスに再結合、再利用、累積性が求められるとき、大きな記憶容量と広範囲にわたる探索が必要になるとき、そして、行為者の作業を細かく記述する必要があるときもそうである。膨大な記憶容量が必要になる複雑な問題となると、情報を貯蔵する効率を高め、コストを下げることが特に重要になる。モデリングとシミュレーションの技術を高めることも、プラスになる。刺激の重要な特性を解明する人

工知能プログラムが開発されており、暗黙知だったものを形式知化することが可能になっている(＊23)。これは戦略の支配的なパラダイムと矛盾する。暗黙知は、他社が分解して解読するのが難しいため、模倣を未然に防ぐ確実な阻止要因になると想定されているからだ。

企業にとっては、知識を形式知化すると、さまざまな部門を調整しやすくなる、活動を監視しやすくなる、社内のプロセスを精査して改善できるといったメリットが生まれる。半面、他社による再生産・コピーが簡単になり、精度が高まり、コストが大幅に下がるといったデメリットももたらす。その結果、システムの系統化、標準化が進むほど、他社にとっては解読しやすくなり、簡単に複製できるようになる。プロローグ・リサーチ・インターナショナルのトム・ルドラム・ジュニアが指摘するように、製法が確立されている処方薬は模倣されやすい処方薬であるというのも、不思議ではない(＊24)。

模倣の経路

模倣を可能にする経路はたくさんある。以下の節では、模倣の経路を一つひとつ見ていく。性質はそれぞれ異なるが、どれも知識を潜在的な模倣者に伝播させるものである。そうして、潜在的な模倣者の視野が広がり、模倣の機会がさらに増えることになる。

提携の功罪

知識が形式知化になじまない場合や、アクセスするのが難しい場合には、企業は自分たちに欠けているものを供給してくれる他の企業を探す。提携は最も効果的な学習手段と喧伝されており、ここ何十年かの間に急激に増えている。提携は暗黙知を吸収するには特に適しているとされる。なかでも合弁は、双方の専門家と経営幹部が共生することができる。両者が長い時間を共に過ごし、オペレーションを一緒に監督して、複雑な問題の解決に取り組んでいくのである。

ところが、知識の所有者にとっては、このメリットは危険と背中合わせになる。戦略的提携パートナーが競争相手に転じるかもしれない。知識が第三者に移転されて、そこで製品やサービス、ビジネスモデルが模倣される可能性もある。技術の漏洩を防ぎたいなら提携しなければよいのだと言うコンサルタントもいるが、残念ながら、この戦術はいつも通用するわけではない。政府は公式には、公平な競争を実現するという目標を掲げていても、たいていは提携を利するインセンティブを与える。それに、グローバルビジネスが複雑化していることを考えれば、協業という選択肢を排除できないときもある。

知識の持ち逃げ

中国の製紙技術は、何世紀もの間、誰も模倣できないでいた。それがイスラム圏に伝播したのは、七五一年の戦争でアラブ軍が中国に勝ったからだった。捕虜の中に製紙職人がいること

を知ったアラブ軍は、職人たちをサマルカンドに連れて行き、製紙を始めさせたのである（＊25）。一九世紀後半、日本の明治政府は、優れた組織モデルを移転させる手段として、二三カ国から二四〇〇人以上の外国人を雇用した。二〇世紀後半には、アメリカから帰国した韓国人留学生が母国に知識を持ち帰り、サムスンやLG電子がアメリカの半導体メーカーと競争できるようになった（＊26）。

アメリカは離職率が高く、さらに上昇する傾向にある。一九八三年の管理職と専門職の平均在職期間は四・八年だった。それが、一九八三年から一九九八年の間に、技術者の平均在職期間は一六％短縮している（＊27）。雇用契約には競合禁止条項が定められてはいるが、会社を辞めた社員が重要なノウハウを持ち去って、競合する事業を立ち上げたり、競合他社に転職したりする例は後を絶たない。アニメーション会社の先駆けであるブレイは、自社のアニメーターが辞職して自らアニメ会社を立ち上げたり、ライバル会社に入ったりしたために、優位を失った。アメリカの半導体メーカー、フェアチャイルドは、三人の優秀な科学者が同社を辞めてインテルを創業している。イリノイ大学のアメリカ国立スーパーコンピューター応用研究所でも、マーク・アンドリーセンが同研究所を退職して、ネットスケープの共同創業者になった（＊28）。

戦略論の研究者たちは、複雑な暗黙知はバンドルされたルーティンや慣行の中に埋め込まれているため、移転することはできないと主張しているが、社員が移動するとともに知識が移転され、ひいては模倣されるようになっている。社員が一人移動するだけで、複雑で高度な能力を移転できることを示す証拠もある。たとえば、実用的なレーザー装置の開発に成功したどの

チームにも、レーザー装置を最初に開発して実用化した研究所のメンバーが少なくとも一人いた（＊29）。知識をバンドルしても、チームごと引き抜かれるかスカウトされれば、知識の流出を防ぐことはできない。金融業界やハイテク業界では、引き抜きやスカウトが日常化している。最近も、アップルとヤフーが、モトローラが撤退した事業のチームをそれぞれチームごとスカウトしている。

イミテーションクラスターの出現

産業クラスターという概念を広めたのは、ハーバード大学のマイケル・ポーターである。ポーターは、産業プレイヤーと、産業プレイヤーが支える産業が集積することで、競争優位が生まれると論じている。クラスターは、新しいアイディアを孵化させるのに役立つインフラ、知識、知的交流の場を提供して、イノベーションを後押しする大きな力を持つと、高く評価されている。シリコンバレー、ボストンのルート128、イギリスのケンブリッジ、イスラエルのヘルツェリア・オン・シーなどがその例だ。

イミテーションクラスターも、地理的に近接した多数の競合企業で構成される。ところが、**イノベーションクラスター**が第一級の研究大学の周囲に形成されるのに対し、イミテーションクラスターは技術学校や応用研究所の周囲に生まれる。イミテーションクラスターの大半は、中国の深圳の携帯電話、同じく中国の東高村鎮の弦楽器のように、産業単位で作られる（中国やベトナムを中心に広く見られる偽造品に特化したクラスターも模倣を容易にするものである。しかし、

本書ではこの問題は取り扱わない）。

イノベーションクラスターという概念は定着しているが、イミテーションクラスターとでもいうようなものが出現していることは、ほとんど気づかれていない。イノベーションクラスターと同じく、イミテーションクラスターにはさまざまなメリットがある。探索コストを節約できて、補完的知識を手に入れられる。生産コストを削減したり、規模の経済を実現したりすることも可能である。企業はお互いを観察し合うことから多くのものを得る。仲間からの圧力（ピアプレッシャー）と対抗意識が働いて、情報の共有化が促される。弱いプレイヤーは淘汰される。規模の優位性は、イノベーターよりも、模倣者のほうが重要な意味を持つ。模倣者は系統立てられたシステムに頼っているからだ。系統化されたシステムは簡単に増やせるので、すぐに生産体制を整えて、規模を達成できる。

クラスターのメンバーには値下げ圧力がかかり、生産性を高めてコストを削減することを迫られる。価格で競争していて、模倣の阻止要因に素早く対応しなければいけない企業にとっては、この特性はとりわけ大きな意味を持つ。たとえば、中国の広東省にある衣料品クラスターは、近くに繊維メーカーと染料メーカーがあるので、借用したデザインをすぐに再生産できるという強みを持つ。

模倣に対する防御の弱体化

価値の高い知的財産を保有している組織は、模倣から身を守る手段や方法を編み出してきた。しかし、さまざまな要因から、そうした防御は次第に弱くなってきている。以下の項では、防御を弱めている要因を検討し、パイオニアやイノベーターを潜在的な追随者から守る力が失われている背景を考える。

穴だらけのブランド保護

ブランドエクイティという言葉が大流行しているようだ。しかしブランドは、多くの人が考えているような鉄壁のバリアではない。ソニーの経営陣が身をもって知ったように、ブランドはその輝きを失うことがある。そして、自動車などのセクターでは、ブランドの価値が下がり続けている。顧客はバリューを求めるようになっており、バリューというとノーブランド商品を連想する人が多い。ブランドの価値が下がっているのは、一つには、ブランドは取得できるものだということがある。シュナイダーからゼネラル・エレクトリック(GE)まで、そして、RCAのテレビからシンクパッドまで、買収によって獲得したブランドや、ライセンスを取得したブランドはたくさんある。

強力なブランドを擁する医薬品メーカーも、後発医薬品の猛攻にさらされている。医薬品業界で最も成長しているセグメントは、ノーブランドの後発医薬品である。ノーブランドの後発

医薬品は、二〇〇五年にはアメリカで書かれた処方箋の半分以上を占めたが、その六年前は全体の三分の一だった。シェアが大幅に後退したのはブランド医薬品である。しかし、ブランド後発医薬品もわずかながら減少している(*30)。

一方、後発医薬品メーカーは、単なるコピーの領域を超えて、独自の製法を考案するようになっている。イスラエルのテバファーマスティカルなどは、後発医薬品から得た利益を投じて、革新的な医薬品に事業を拡大している。逆にサンドスのように、医薬品メーカーが後発医薬品に進出する例もある。後発医薬品メーカーは、先行バイオ医薬品を真似た、いわゆるバイオシミラーも手がけるようになっている(*31)。医薬品以外にも、さまざまな製品・サービスのカテゴリーで、ノーブランドの代替品が急増している。景気後退期には、ノーブランド品のシェアが上昇しやすい。二〇〇八〜〇九年が実際にそうだった。

ブランド力の低下は、プライベートブランド（ＰＢ）商品の台頭からも見てとれる。アメリカのマーケティングリサーチ会社、エーシーニールセンの報告によると、二〇〇七〜〇八年に、ＰＢ商品の増収率は一〇％だったのに対し、ブランド商品の増収率は二・八％だった。アメリカでは、ストアブランドがスーパーマーケットの売上高の二二％を占めている。商品カテゴリーによっては、市場の三分の一を握っていることもある(*32)。

ＰＢ商品にはまだ成長余地がある。成長余地が特に大きいのが、アジア圏と、ブランドロイヤルティーが非常に弱い中国などの市場である。しかし、先進国の市場でも、経済的に苦しくなった消費者が安心感のあるなじみのブランドにこだわらなくなってきている。ＰＢ商品の多

くはブランドメーカーが作っている。アメリカの塗料メーカー、シャーウィン・ウィリアムズのクリス・コナー会長兼CEOの話では、塗料業界でPB市場向け製品を作っていないのは、ベンジャミン・ムーア一社だけだという。ところが、PB商品の大部分を作っているのは模倣者である。模倣者がPB商品を作るのは、時間とコストをかけて評判を確立したり、サプライチェーンを構築したり、物流・サービス・サポートを提供したりしなくても、棚に陳列してもらえるからだ。

法的保護の低下

特許による保護は、たいていの場合、模倣のコストと時間を増やすものとなるが、効果はそれほど大きくない。よく引用されている研究によると、模倣コストの増加率は、エレクトロニクスの七%から、化学の二〇%、医薬品の三〇%まで幅がある。模倣を遅らせる効果は六～一一%だった。模倣を四年以上遅らせるケースは、検証された事例の一五%にとどまった（*33）。製品やプロセスを特許化できるとしても、異議を申し立てられたり、迂回されたりするおそれがある（後者は「迂回発明」と呼ばれる）。加えて、登録費用が高額になることもあるし（特許協力条約に基づいて国際出願する場合は、コストが特にかさむ）、特許が実施されない場合もある。

模倣者が製品やプロセスをコピーし、それに手を加えて、少しだけ違うバージョンで特許を申請することは合法的に認められているが、特許権者が特許の適用範囲を関連製品に広げることはほとんど認められない。多くの国では、特許や商標に先発明主義ではなく、先願主義が採

用されていて、コピーが合法化されている。また、裁判所は国内企業寄りの判断をすることが多い。たとえば中国の裁判官は、ファイザーの性機能不全治療薬「バイアグラ」の主成分に関する国内特許を、国内の競合企業が中国で最初に登録したとして、無効にしている。別の中国企業は、グーグルの中国語版サイトの名称は自分たちが先に登録したものだと主張して、グーグルを訴えている。中国への特許出願は逆効果になりかねない。日本の中国への海外直接投資を検証した研究では、特許と商標登録は、製品の情報を競争相手に渡すことになり、かえってコピーを容易にしていると指摘されている(*34)。

　知的所有権の保護に対しても、新興市場の政府から、ＮＧＯ、経済学者のジョセフ・スティグリッツをはじめとする影響力のある反対派まで、さまざまな方面から激しい批判が起きている。先進国政府は、特定の処方薬について一方的に特許の使用を許可する権利を持っており、強制ライセンスを命じたり、特許使用を許容したりできる。特許については、特許発明の構成要件と異なる部分がある製品でも、一定の要件を満たす場合には、対象製品を特許発明と均等であるとして、特許権の効力が及ぶ範囲を拡張することを認める**均等論**という考え方があるが、その妥当性に疑義を差し挟む判決が出ており、迂回発明が助長されている。

　独占禁止法も模倣を後押ししている。アメリカ政府がゼロックスに対して複写機技術を公開することを命じなかったら、ゼロックスの複写機の模倣者が続々と現れることはなかっただろう。また、保護できないものもある。アメリカの場合、審議中のデザイン権侵害禁止法が成立しなければ、既存の法律では、デザインが二次的な意味を獲得している場合、つまり、消費者

がそのデザインがブランドのマークだと認識している場合を除き、デザインは保護されない。

アメリカ最高裁もビジネスモデル特許に基づく保護を緩和することを検討している。緩和が決まれば、ビジネス手法の模倣が拡大することになるだろう。最高裁は、二〇〇八年六月、インテルが韓国LG電子の特許を使用して製造した製品を購入した台湾企業に対し、LG電子が特許使用料の支払いを求めた訴訟で、LG電子の請求権を認めない判決を下し、第三者については特許保護の範囲はさらに限定されるとの見解を示した。また、**孤立作品**（権利の所在が不明な著作物）の利用を認めるための法案も連邦議会で審議されている。このように、特許権の侵害が世界中で横行しているばかりか、特許権を侵害する物品が外国に輸出されるようになっているにもかかわらず、この問題が放置されたまま、法的な保護の力が弱くなっているのが実情である。

第３章のまとめ

①グローバル化とアウトソーシングを背景に、競争者が増加し、多様化する一方、知識の形式知化が進み、知識の移転が可能になっている。

②提携、社員の移動、イミテーションクラスターが、大規模な模倣を可能にしている主な経路である。

③ブランディング、法的救済など、模倣に対する従来の防御は効力が弱くなっている。

The Imitators

第4章 偉大なる模倣者たち

私たちはただ、ハーバート・ケレハーが成功させたモデルをコピーしただけである。ただし、うまくコピーしたのは私たちだけだろうし、サウスウエスト航空を凌駕していると言えるかもしれないのも、私たちだけだ。しかし、その点を除けば、サウスウエスト航空がモデルであることに変わりはない。

――マイケル・オリアリー（ライアンエアー・ホールディングスCEO）

模倣の性質や結果は、それぞれ大きく異なる。モデルを丸ごとコピーする企業もあれば、自らの置かれている環境に適応させる企業や、オリジナルを大きく改良しようとする企業もある。どうすれば借用したモデルをうまく適合させられるか理解しようとする企業は少なく、はっきりと目に見える外面的な特徴を複製して満足していることが多い。

それなのに、大半の企業は自分たちが生み出したイノベーションを模倣されないように障壁

を築くことに意識を集中させている。どうすれば他社を模倣して利益を得られるかということは、ほとんど考えられていない。模倣にはマイナスのイメージがつきまとう。大半の企業がそうした固定観念から逃れられないでいる。その証拠に、私が企業幹部にインタビューしたときも、自分の会社が模倣をしていると私に指摘されると怒る人が多かった（その会社が重要なアイディアや特性を他社から取り入れていることが明らかなときでさえそうだった）。

ところが、模倣という言葉に対して身構えたところがない人ですら、模倣に関しては先を見越した体系的なアプローチをとっていないと答えている。これまでの模倣の取組みから学ぶことも、業界内外の他社の経験から教訓を得たりしようとすることも、めったにない。重要な対応づけの問題を解決するどころか、それと向き合ってもいないケースがほとんどである。すでに見たように、対応問題は模倣の中心的な課題であるにもかかわらずだ。

ビジネスの一つの原則だけを模倣しようとする企業もあるが、多くはビジネスシステムそのものをモデルにしようとする。メモリーチップ製造のように、モデルとなるシステムが組織化されているが、複雑なものである場合には、別の場所で操業している工場を細部に至るまで正確に複製する**コピーイグザクト**が一つのアプローチになっている。システムを完璧に理解するのは事実上、不可能であるため、完全なレプリカを作れば、因果関係がよくわかっていなくても、結果を正確に、確実に再現できると考えられているのである。

自社の工場を複製するのであれば、情報に自由にアクセスできる。それに、チップ製造は複雑だといっても、機械、組立室の温度など、ほとんどの要素は形式知化できるので、複製する

ことは可能である。しかし、模倣者が別の企業のビジネスモデルを外から観察して複製する場合はそうはいかない。模倣者は、目に見える要素にしかアクセスできない。また、ビジネスの広範なシステムはさまざまな要素で構成されており、その複雑なネットワークを解読するのも難しい。とはいえ、システムやモデルの模倣がどんなに難しくても、模倣に成功している例は数多くある。しかしその一方で、模倣の取組みが不十分であったり、失敗に終わったりする例もある。

本章では、さまざまな模倣の事例を取り上げて、模倣の主な形態とその結果を、成功例、失敗例を含めて紹介すると同時に、模倣の課題についても考える。第5章で詳しく見ていくように、大きく、威信があり、成功しているように見える企業（たいていは業界や事業セグメントのリーダー企業）をモデルに選ぶ企業がとても多い。サウスウエスト航空、ウォルマート、アップルがモデル企業の代表的な例である。しかし、それ以外の企業についても、本章はもちろん、本書を通じて言及していく。

また本章では、どれほど多くの企業がモデル企業を模倣しようと試みてきたか、そうした企業がどのような想定をしたのか（あるいは、しなかったのか）、模倣の取組みがどのような結果を生んだのかを論じる。さらに、成功しているモデルの表面の下に隠れているものを、なぜそれが大きな成功を収めたのかという脈絡を含めて、模倣者たちは見抜き、さらには理解することができていたのか、また、模倣者は選択したアプローチを実行することができたのかを問う。

サウスウエスト航空――他社の失敗から学ぶ

サウスウエスト航空は一九七一年、三機のボーイング７３７型機を使用し、ダラス、本社のあるテキサス、ヒューストン、サンアントニオを結ぶ航空会社として、運航を開始した。同社は格安航空会社（ローコストキャリア）として初めて商業的な成功を収め、それまではアメリカ国内市場の中で取るに足りない存在だった格安航空会社が市場の三分の一を占めるようになるなど、航空業界に劇的な変化をもたらした。サウスウエスト航空のビジネスモデルは、一見すると、とても単純だった。

・ハブ空港を使わず、二都市間を結ぶ短距離の直行便に特化するポイント・トゥ・ポイント方式をとることで、路線構成を簡素化し、機内預け手荷物を接続便に積み替える時間を省き、複雑な作業をなくす。
・使用する航空機を一機種に限定して（サウスウエスト航空は、７３７型機のさまざまな型式の機体のコックピット計器まで標準化している）、機材の調達、整備、人員の確保、訓練にかかるコストを抑えると同時に、人員配置の柔軟性を高める。
・空港での折返し時間を短くし（短距離路線では特に重要なポイントになる）、従業員の就業規則を柔軟にすることで、旅客機の滞空時間を延ばしている。これは資本集約型産業では大きな優位となる。

・二次空港やあまり混雑していない空港に乗り入れる（折返し時間をさらに短縮できる）。こうした空港は競争が少なく、既存の航空会社が支配していることもあまりない。しかも、着陸料が安いのに、乗客が望む主立った目的地には十分近い。

さらに、乗務員の賃金を低く抑えている。乗務員の生産性が高いこともあって、ブロック時間当たりのコストは主要航空会社の中で一番低い（＊1）。サウスウエスト・モデルは、旧来型の大手航空会社（レガシーキャリア）のモデルと比べて、コストを四〇～五〇％も削減できることが明らかになっている。有償座席利用率も高いので、大手航空会社よりも六〇％安い航空運賃を実現し、さまざまな路線の運航便数を三～四倍に増やすことができた。簡素化を旨とする運営方針は、チケット販売、流通、サービスにも適用されている（チケットはオンライン販売が中心なので、コストと手数料を節減できて、キャッシュフローが改善する）。大手航空会社の複雑な料金体系に比べてシンプルな低料金で、座席に上級クラスの設定はない（現在では、割増料金を支払って通常にはないサービスを受けられるオプションがある）。機内サービスは最低限である（「ノンフリル」と呼ばれる）。しかし、乗務員はさまざまな仕掛けで乗客を楽しませようとするので、乗客はまた乗りたいという気持ちになる。

サウスウエスト航空が競争相手と位置づけているのは、既存の大手航空会社ではなく、アメリカ最大規模のバス会社、グレイハウンドのほうなのだが、直接競争する航空会社はサウスウエスト航空との戦いに次々に敗れている。サウスウエスト航空の二〇〇八年の年間輸送旅客数

は、八二市場で一億四〇〇〇万人だった。航空業界全体が低迷する中で、サウスウエスト航空は利益をあげ続けており、株式の時価総額は大手航空会社を軒並み上回っている。

同社の最近の業績は燃油ヘッジによる利益で押し上げられているが、この収益力の高さを支えているのは、コスト削減を徹底する企業文化と、財務体質の強さだと言える。サウスウエスト航空は今や大規模な航空会社になっているが、短距離路線に集中し、質の高いサービスを提供するという基本方針を貫いている。平均飛行距離は一九九五年には五二五マイル（約八四〇キロ）だったが、二〇〇六年も八一八マイル（約一三〇〇キロ）と、あまり伸びていない。また、保有機材数の増加に対応して、自動化生産管理システムが導入された。その結果、定期整備が一〇～一五％減少し、航空機の稼働率が上がった。さらに、整備点検計画と航空機の飛行計画を同期させて、航空機の不稼働期間も短縮されている。

しかし、サウスウエスト航空は革新的なビジネスモデルを最初に導入した会社であると同時に、貪欲に模倣して成功した会社でもあったのだ。サウスウエスト・モデルには、ピープル・エキスプレス航空などの先行する格安航空会社の失敗から学んだ重要な教訓が反映されている。ＩＴインフラは大手航空会社から複製するといったように、模倣する要素を慎重に取捨選択したのは、過去の教訓から直接学んだ結果である。ピープル・エキスプレス航空は大規模格安航空会社の先駆けであり、ドナルド・Ｃ・バーＣＥＯは、同社が消滅した原因はＩＴインフラの不足にあると指摘した。新興航空会社にとって、ＩＴインフラの不足を解消すること

は、質の高さを維持しながら運営効率を高めてコストを削減することよりも大切とまではいかないまでも、それと同じくらい大きな意味を持つ。サウスウエスト航空の経営陣はそこをよく理解していた。そのため、拝借したモデルを改善しながら、その問題を是正しようとした。言い換えれば、サウスウエスト航空は、イモベーターと同じやり方で、対応づけの問題を自ら解決したのである。同社は、モデルの要素とコピーの要素を正しく対応づけただけでなく、それをさらに進化させるやり方を見出して、大きな価値を生み出している。

サウスウエスト航空の成功は、航空業界に衝撃を与えた。同社のポイント・トゥ・ポイント・モデルはうまくいくはずがないと思われていた。ハブ空港を経由するハブ・アンド・スポーク・モデルのほうが、コスト効率が良く、調整がしやすく、価格支配力の面でも優れていると考えられていたからだ(＊2)。それに加えて、ピープル・エキスプレス航空やエア・フロリダなど、先行する格安航空会社が経営破綻していたこともあって、サウスウエスト航空は何年もの間、誰からも注目されないまま、競合企業のレーダーの下を飛行し続けた。

サウスウエスト航空はその後、躍進を遂げ、航空各社の視界に入ってきた。同社のモデルは一見すると単純で、複製しやすいように思われた。使用する航空機を一機種に絞ることは、誰にでもできる。サービスを最低限にすれば、コストを削減できるし、業務も簡素になる。ポイント・トゥ・ポイント・モデルの運航形態も、二次空港への乗り入れも、簡単に実現できる。ハブ・アンド・スポーク・モデルの航空会社がそうすると、ハブ空港の稼働率が下がってしまうマイナス面があったが、地元への乗り入れを切望する地方都市が就航誘致のための奨励策を

打ち出したことで、そのマイナス面が小さくなった。

サウスウエスト航空を模倣する

模倣者の一つの波は、バリュージェット航空（現・エアトラン航空）やスピリット航空に代表されるグループである。このグループは、ポイント・トゥ・ポイント・モデルの運航形態、使用機種の統一というサウスウエスト・モデルを複製することをめざしたが、もう一歩、踏み込んで、機内サービスを簡素化するオリジナルのノンフリル・モデルから、残っているフリルをすべて取り払った。キダーピーボディ証券のアナリストは次のようにコメントしていた。「数多くの新興航空会社が、ポスト・サウスウエストの座を射止めようと躍起になっている。しかし、バリュージェット航空以外は、コスト、利益率、経営経験の面でその称号に近づいてすらいない。われわれはバリュージェット航空をフリルなしのサウスウエスト航空と呼んでいる」（＊3）

同じように、スピリット航空は「格安王」になっている。同社は、従来型の格安航空会社から超格安航空会社へと姿を変えて、座席は一セントで販売するが、地上と機内のあらゆるサービスを有料化している。飲料水の提供も有償だ。生物学的に言えば、バリュージェット航空とスピリット航空がしたのは、エミュレーション（観察できる行動をコピーすること）である。エミュレーションの場合は、直接目で見ることができない不透明な要素は把握できないので、その意味では、完全な模倣とは言えない。両社がエミュレーションをすることができたのは、従来型のコピーイグザクト・モデルの中の目に見える形式知化された要素をなぞったからだった。

スカイバス航空の元会長のビル・ディフェンダーファーによれば、このタイプの複製は、モデルの一つの面に焦点を絞る傾向があるという。このケースでは低コストだ（＊4）。一つの側面だけを反復すると、生物学でいう刷込みになる。刷込みとは、ある行動を本能的に複製することをいう。モデルがはっきりと見えていて、行動と模倣する対象とを視覚的に結びつけられるときには、刷込みはうまくいく。しかし、複雑な状況や、直接観察できない不透明な状況では、ほとんど役に立たない。生物学的な刷込みの有名な例では、カモのヒナは母親の後を追うだけでなく、最初に見た動くものを親として覚え込み、それを後追いするようになる。行動は同じかもしれないが、結果は大きく違ってくる。後者のケースは、ヒナがすぐに死んでしまうという不吉な結末を予感させる。

このように、単純な模倣では限界がある。それはビジネスの世界も同じだ。ディフェンダーファーが経営していたスカイバス航空を例に考えてみたい。同社は、サウスウエスト航空や、同社を模倣して成功したヨーロッパの航空会社、ライアンエアーからベテラン社員を引き抜いて、サウスウエスト・モデルを吸収しようとした。使用する航空機を一機種に絞り、大都市の二次空港に格安料金で乗り入れた。各便の最初の一〇席を一〇ドルで販売した。ライアンエアーと同じく、機体を広告媒体として使って、広告収入も確保した。しかし、こうした施策はどれもめぼしい成果をあげることなく終わり、二〇〇七年四月、スカイバス航空はすべての運航を停止した。

同社の公式発表では、燃料価格の高騰と経済状況の悪化が経営不振を招いたとされたが、

ディフェンダーファーは、ライアンエアー並みの低料金と、ジェットブルー航空並みの高級感あふれるサービスという、およそありえない組合せにスカイバス航空の支援者が固執したことも原因に挙げている（ライアンエアーとジェットブルー航空については、この後で詳しく述べる）。刷込みやエミュレーションの模倣というものがそうであるように、モデルから逸脱することは認められなかった。その一例として、予約システムを導入すれば顧客が増える可能性があるのに、サウスウエスト・モデルにはないとの理由で、スカイバス航空はそうしなかった。逆に、機内預け手荷物を有料化する、優先着席を可能にする、各便の一部座席を超格安価格で販売する、といったスカイバス・モデルの一部の要素は、本家の破綻後、他の航空会社に模倣された。座席数限定で運賃を一〇ドルに設定するアイディアは、ボルトバスにも採用された。同社は、アメリカのバス会社、グレイハウンドとピーターパン・バスラインズが設立した合弁事業で、各便最低一席の運賃を一ドルに設定している。

サウスウエスト航空との差別化

ジェットブルー航空に代表されるもう一つのグループは、モデルの中核的な特徴は維持しながら、戦略上重要な要素については差別化を図った。ジェットブルー航空の創業者、デビッド・ニールマンは、共同で立ち上げた航空会社、モーリスエアーがサウスウエスト航空に買収されたため、しばらくサウスウエスト航空に勤務していたが、サウスウエスト航空は自社の基本原則にこだわりすぎるとよく不満をこぼしていた。ニールマンは、サービスを差別化要因と

して選び、「プレミアムディスカウント」とでも呼ぶべきサービスを生み出した。大半の格安航空会社が安全性と定時運航をノンフリルのサービスで提供すれば、ジェットブルー航空は、本革シートを採用し、座席にテレビモニターを備えつけるなど、セミプレミアム・サービスを提供するのである。同社は、低価格で最高のサービスを実現することに重点を置き、バンピング率が低いことで知られている〔訳注：バンピングとは、航空会社が座席数以上の航空券を販売して、はみ出した乗客の搭乗を断ること〕。CFO（最高財務責任者）、人的資源管理責任者などはサウスウエスト航空出身のベテランを登用した。それでも、ポイント・トゥ・ポイント・モデルの運航形態、使用機種の統一、シンプルな運賃体系といったサウスウエスト・モデルは堅持した（使用機種に関しては、後に地域路線用ジェット機一機種を追加している）。

こうした運営方針が奏功し、ジェットブルー航空はサウスウエスト航空並みのコスト管理を実現しながら（二〇〇六年の一マイル当たりの提供座席距離費用〔CASM〕は、サウスウエスト航空の九・七九セントに対し、ジェットブルー航空は八・二七セント）、機内娯楽設備の充実を求める乗客を取り込むことに成功した。ジェットブルー航空が成功したもう一つの理由は、サウスウエスト航空がほとんど乗り入れていない地域に短期間で路線網を拡大して、ニューヨークのジョン・F・ケネディ空港をハブ空港として選んだことである。同空港がハブになっているので、他の航空会社と接続するのに追加費用がかからず、国際線にスムーズに乗り継ぐことができる。

「キャリア内キャリア」型模倣者

模倣者によっては、ずっと使っている従来のビジネスモデルを維持しつつ、模倣対象のモデルを本体から切り離した別組織に吸収させようとしている例もある。この方法をとれば、模倣したモデルの長所を引き出しながら、既存の投資やインフラを有効に活用できるし、既存顧客を維持しながら新しい市場や顧客を開拓することも、労働協定や変化を拒む企業文化を迂回することもできる。二兎を得られる可能性があるばかりか、対応づけの問題に向き合わずにすみそうに見えるなど、とても魅力的なコンセプトである。

ところが、この後で見ていくように、このコンセプトがうたうメリットは幻想に終わる。対応づけの問題を別の場所に移すだけで、避けて通ることはできないし、問題がさまざまな形で増幅されてしまう。模倣者は、今度は矛盾する二つのシステムに対応しなければならなくなるからだ。二つのシステムを融合させることはできないが、完全に切り離すこともできない。そのため、模倣が中途半端になって、最高の結果を生み出すどころか、最悪の結果をもたらしかねない。

航空業界がそれを実証している。サウスウエスト航空が市場シェアを伸ばし続けると、大手航空会社は顧客を奪われまいと必死になり、価格に敏感な新規顧客の開拓に力を入れ始めた。しかし、労働協約の縛りがあるうえ、ハブ・アンド・スポーク・モデルのインフラへの投資を無駄にするわけにもいかない。そこで、大手航空会社は妙案をひねり出した。「キャリア内キャリア」である。これは、ハブ型の運航方式、マイレージプログラム、ファーストクラスの

設定など、既存のモデルを維持しながら、サウスウエスト航空を事実上複製した別部門を作って、格安航空会社に対抗するというものだ。

大手航空会社の格安航空部門には、コンチネンタル航空のコンチネンタル・ライト、ユナイテッド航空のシャトル・バイ・ユナイテッド（同部門の廃止後、二〇〇四年に新たな格安航空ブランドのTedが設立される）、USエアウェイズのメトロジェット、デルタ航空のソングがあった。こうしたキャリア内キャリアは、サウスウエスト航空をコピーして、シンプルな運賃体系、機内食などのサービスの廃止、航空機や乗務員の稼働率の向上、販売・流通コストの削減を図った。使用機種を統一しているところもある。サウスウエスト航空の客室乗務員のカジュアルな服装や気さくな態度まで真似た会社もあった。デルタ航空のソングなど、大手航空会社の中の後発の模倣者は、サウスウエスト航空はもちろん、ジェットブルー航空などの差別化に成功した格安航空会社のアイディアも取り入れようとした。

コンチネンタル・ライトは、一九九三年、コンチネンタル航空が二度目の破産申請の手続きを終了したことを受けて設立された。コンチネンタル・ライトはサウスウエスト航空に対抗する目的で立ち上げられた（ただし、当初はサウスウエスト航空の拠点であるアメリカ南西部には乗り入れていなかった）。ポイント・トゥ・ポイント・モデルの運航形態、ノンフリルのサービス（座席クラスの統一、機内食の廃止）、迅速な折返し、客室乗務員の気さくな接客といった運営方針をコピーしたが、サウスウエスト航空と違って、座席指定、マイレージプログラム（加算率は低い）を提供し、サウスウエスト・モデルからの逸脱点として、複数の機種を使用した。

この模倣は大失敗に終わった。コンチネンタル航空は、一九九四年にSEC（証券取引委員会）に提出した年次報告書の中でコンチネンタル・ライトに言及し、機内食を出さない、いわゆる「ピーナッツフライト」として運営している同部門は、「オペレーション上の問題」に直面していて、採算がとれていないことを認めている。加えて、ヒューストンとニューアークのハブ空港を活用できないため、ポイント・トゥ・ポイント・モデルの直行便が同部門の損失の七割を占めているとも指摘した。その一方で、コンチネンタル・ライトの設立・運営に経営陣の時間と資本がとられて、本体のサービスが低下し、顧客からの苦情が増えた。一九九五年、コンチネンタル・ライトはコンチネンタル本体に吸収され、機体の折返し時間の短縮など、モデルのごく一部の要素だけが残った。コンチネンタル航空のゴードン・ベスーンCEOは後に、「あと半年様子を見ていたら、すべてを失っていたかもしれない」と述べている（＊5）。スカイバス航空の元会長で、コンチネンタル航空の当時の上級副社長だったビル・ディフェンダーファーは、コンチネンタル・ライトが失敗した理由として、正規運賃を支払う乗客をコンチネンタル航空本体と共食いしてしまったこと、ブランドの混乱を招いたこと、コストを削減するどころか、コストを他の部門に転嫁するだけだったことを挙げる（＊6）。

他の大手航空会社の格安航空部門も似たような苦境に立たされていた。一九九四年に運航を開始したシャトル・バイ・ユナイテッドは、サウスウエスト航空のテリトリーに直接乗り込んだ。サウスウエスト航空と同じく、高頻度のポイント・トゥ・ポイント・モデルの運航サービスを提供したが、ファーストクラスの設定（会社の経費で乗れる企業幹部や、マイルを使ってアッ

プグレードできるビジネス客に人気があった）、事前座席指定、マイレージプログラムは継続した。しかし、その頃には強力な航空会社になっていたサウスウエスト航空の猛反撃に遭い、事業廃止に追い込まれた。ユナイテッド航空は、格安航空会社を運営するために必要な低コスト構造を築くことができなかった。その一例として、シャトル・バイ・ユナイテッドには、ユナイテッド本体と同じ管理監督者が置かれていた（＊7）。

シャトルの失敗にもくじけることなく、ユナイテッド航空は二〇〇四年、新たな格安航空部門、Tedを立ち上げた。今度はサウスウエスト航空との全面競争は避け、サウスウエスト航空よりも弱いフロンティア航空、アメリカウエスト航空をターゲットにした。Tedはサウスウエスト航空との差別化を図り、衛星ラジオ、無料映画などのサービスを提供したが、乗客を呼び込むことはできず、二〇〇八年六月に運航停止された。ある雑誌は「Ted is dead（Tedは死んだ）」と伝えている（＊8）。

USエアウェイズのメトロジェットも同じことを試みた。しかし、膨れ上がったコスト構造では、二〇〇一年九月一一日の同時多発テロ事件後の低迷を乗り切ることができず、同じ年の一二月に閉鎖された。サウスウエスト航空会長のハーバート・ケレハーは、「メトロジェットはローフェア（低運賃）航空会社になると言っていたが、彼らはローコスト航空会社ではなかった」と振り返る（＊9）。インドのジェットエアウェイズの創業者、ナレシュ・ゴヤルも、後年に同じことを言っている。「インドにはローコスト航空会社は存在しない。あるのはローフェア・ノープロフィットの航空会社だけだ」（＊10）

一九九〇年代にキャリア内キャリア型の格安航空部門、デルタエクスプレスをつぶしたことのあるデルタ航空も、二〇〇三年に再び格安航空部門のソングを立ち上げた。七五〇〇万ドルの資金が投入され、デルタ航空とコンサルティング会社のマッキンゼーから送り込まれた幹部で固められた経営チームは、目先の収益性を犠牲にしても、格安航空会社の侵食を食い止める仕事を任された。デルタエクスプレスなどのキャリア内キャリアの失敗に学び、折返し時間を五〇分にすること、航空機の滞空時間を一日一三時間以上と、本体のデルタ航空に比べて約二〇％伸ばすことを目標に掲げた。客室乗務員は着陸前に機内を簡単に清掃し、乗客が飛行機から降りている間に、出口の反対側から清掃スタッフが機内に入る。ソングの経営陣は、乗務員の給与額を抑え、航空機の運用効率を高めることで、運営費用を四分の一近く圧縮しようとした。

過去に存在した大手航空会社の格安航空部門から得られる教訓の一つは、親会社からの独立性を高めるべきだということだったが、ソングとデルタ航空は、パイロットや整備などの資源を共有していた。二つ目の教訓はブランドを確立することだが、ソング・ブランドの差別化要因は、先発の追随者であるジェットブルー航空とほとんど同じだった。ソングの最高マーケティング責任者、ティム・メイプスは、ソングとジェットブルー航空の違いは何かと聞かれて、思い入れやライフスタイルといったイメージを挙げた。「私たちは、ただ単に航空会社を作っているのではない。ブランドを作っているのだ」（＊11）。ソングは高級ブランドグッズを作って機内で販売し、ニューヨークのソーホーと、ボストンにあるソングショップでも販売し

た。さらに、女性客に焦点を合わせる、親会社との目に見えるつながりを維持するなどして、いっそうの差別化を図った。

残念ながら、こうした差別化要因は、顧客が求めているものでもなければ、顧客がお金を払ってもよいと思っているものでもなかった。しかも、ジェットブルー航空の存在があったために、ソングには目新しささえなかった。それどころかコストが膨らむことにもなった。既存の労働協定が足かせになって、ソングのパイロットの賃金体系は、業界最高水準のデルタ航空と同じものになっていた。客室乗務員やほとんどの地上要員は、賃金水準も、人員配置基準も、低く抑えられていた（主力機である757型機に配置される客室乗務員は、本体のデルタ航空が六人に対し、ソングは四人だった）。しかし、この人員配置基準の低さが士気の低下を招き、質の高いサービスを提供するという基本方針が守られなくなってしまった。使用する航空機の機種はほぼ統一されていたが、黒字に転換するには、自社の757型機の搭乗者数をサウスウエスト航空の737型機やジェットブルー航空のエアバス機よりも多くして、折返し時間を短くする必要があった。ソングは二年で独自運航を停止する。KLMオランダ航空のバズなど、本体の傘下にとどまっていたヨーロッパの格安航空ブランドも、同じ運命をたどった。

大手航空会社は、キャリア内キャリアというモデルを採用して、サウスウエスト航空を模倣しようとしたが、ほとんど失敗に終わっている。例外があるとしたら、シルクエアーだろう。シルクエアーはシンガポール航空の完全子会社で、親会社の優れたハブ航空であるチャンギ国際空港を活用し、ポイント・トゥ・ポイント・モデルの短・中距離路線を長距離国際線と接続

する拠点として使った。それ以外の航空会社では、キャリア内キャリア・モデルにコスト削減効果はほとんどなく、約五〇％のコスト格差を埋めることはできなかった。さらに、ＩＡＴＡ（国際航空運送協会）の厳しい規制は格安航空部門にも適用されるため、運航管理の負担やコストが大手航空会社に重くのしかかった。また、サウスウエスト・モデルを模倣しようとしても、モデルの形式知化された要素を複製するときでさえ、問題にぶつかった。格安航空部門は既存の特注機を使用していたので、サウスウエスト航空のように標準化された航空機を業界のサイクルの底で発注することなどができなかったのである（＊12）。

目に見えない要素の模倣は、それ以上に難しかった。ケレハーはサウスウエスト航空の二〇〇五年の年次報告書で、次のように書いている。「数多くの航空会社がサウスウエスト航空を模倣しようとするだろうが、当社の従業員の精神、一体感、やればできるという気持ち、素晴らしい**団結心**を複製することは、誰にもできない。当社の従業員は、質の高い顧客サービスをお互いに、そして、乗客のみなさまに提供し続けている…（中略）…当社にとって一番重要な成功要因は、人材である。いくつもの航空会社がサウスウエスト航空のさまざまな側面を模倣しようとしてきたが、当社の人材を複製することはできない」

ケレハーは従業員と良好な関係を築き、団結心を育むことの大切さを説いているが、コスト削減を徹底的に追求し続けることも、サウスウエスト航空の企業文化の一つである。大手航空会社にはそれが浸透しなかった。医薬品のイノベーターたちも後発医薬品に参入しようとしたときに、同じ課題に直面する。その結果、オリジナルを成功に導いた基本要素が抜け落ちると

同時に、模倣者自身のシステムとも衝突することになり、最高の成果をあげるどころか、最悪の結果になった。一方、大手航空会社は模倣のターゲットに意識を集中させすぎて、最も重要なことから目を離してしまい、既存のモデルを改良する可能性を見抜けなかった。ディフェンダーファーが指摘するように、キャセイパシフィック航空、シンガポール航空、ブリティッシュ・エアウェイズなどではレガシーモデルはうまく機能していることをネットワーク航空会社は忘れてしまい、ネットワークの世界で差別化して利益をあげるという選択肢を切り捨ててしまっている（*13）。

同じような傾向は、航空業界以外にも見られた。ＩＢＭは、低価格クローン機に対抗するために、一九九二年に下位機種ブランドのアンブラを立ち上げた。アンブラは、生産を外部委託し、電話や郵便で通信販売する形態をとった。ＩＢＭの狙いは、クローン機をコピーすることだった。そのクローン機は、ＩＢＭが標準を確立しようとソースコード表「パープルブック」を公開したために生まれたと言えるものだったが、それが今やＩＢＭを圧倒するようになっていた。しかしブランドの混乱など、大手航空会社の格安航空部門を悩ませたものと同じ多くの問題に直面し、アンブラは一九九四年に閉鎖された。アンブラの構造は、ＩＢＭがパソコン事業を立ち上げたときに築いた構造とは対照的だった。ＩＢＭのパソコン事業は、本社から遠く離れたところにある独立したプロフィットセンターであり、資材の調達、価格の設定、販路の開拓など、さまざまな裁量が与えられていた。

同じように、ディジタル・イクイップメント・コーポレーション（ＤＥＣ）も、低コスト構

造を整えずに本体からパソコン事業に参入しようとしてつまずいた。自動車業界では、ゼネラルモーターズ（GM）が日本車メーカーを模倣してサターン部門を作り、職種の削減、作業をチーム制にする新たな製造システムの導入といった手法を取り入れた。しかし、この試みも失敗している。アメリカのスーパーマーケットチェーン、アルバートソンズのディスカウント部門、エクストリームもそうだ。これらの事例からも明らかなように、他の場所で開発されたモデルを、別の脈絡の中で確立された既存のモデルと切り離さずに複製しようとしても、うまくいかない。

サウスウエスト・モデルを移植する

模倣の重要な形態の一つは、ある環境から別の環境にモデルを移植することである。移植はたいてい領域を越えて行われる。ジェットブルー航空の創業者、デビッド・ニールマンが出資しているウエストジェット航空は、一九九六年に設立され、サウスウエスト方式をコピーして、カナダ市場で運航を開始した。「サウスウエスト・モデルを複製して、カナダ化することをめざした」と、クリーブ・ベドー会長兼CEOは語る（*14）。サウスウエスト航空と同じく、ウエストジェット航空も737型機のみを使用するが、座席指定、機内食（有料）、ラウンジ、ジェットブルー航空のテレビサービスを提供する。この方式は大きな利益をあげている。二〇〇五年になると、スプリング航空、イーグル航空、奥凱《オッケー》航空が同じアイディアで中国に誕生し、ニールマンはこのモデルをブラジルに持ち込んでアズール航空を設立した。アズール航

空はジェットブルー航空型の格安航空会社で、バス運賃並みの低料金の実現をめざしている。

しかしながら、サウスウエスト・モデルの移植に最も成功したと言える例は、ヨーロッパのライアンエアーとイージージェットである。どの模倣者も対応づけの問題に必ず直面するが、インポーター（移植者）の場合は、別の土壌のモデルを移植するので、二つの環境の違いを考慮に入れなければならず、その分課題が多くなる。ライアンエアーとイージージェットの場合、サウスウエスト航空との共通点があったことで、模倣がしやすくなった面がある。アメリカ航空市場の規制緩和がサウスウエスト航空を生み出したのとまったく同じように、ヨーロッパ市場が一九九三年に規制緩和されて、ヨーロッパ大陸のインポーターに参入機会が生まれた。ヨーロッパ内の路線は、たいてい国境をまたぐことになるので、複雑さが増すリスクをはらむが、EUによる統合の一環として、域内では入国時にパスポートやビザのチェックが不要になった。そのため、移動がスムーズになり、需要が拡大した。二次空港がたくさんあったこと、大半の路線が短距離だったこと、イギリスがダラスのように低コストで規制の緩い拠点になったことも、サウスウエスト・モデルの普及を後押ししている。人口密度が高いというアメリカにはない利点も追い風になった。ヨーロッパは鉄道網が発達しているので、EU市場のほうが競争が激しかったが、運賃の安さを前面に打ち出して、鉄道に対抗できた。また、強力な競争相手になりうるサウスウエスト航空がヨーロッパに進出しなかったことも、プラスに働いた。

ライアンエアーは一九八五年、イギリスとアイルランドのフラッグキャリアより安い運賃を

武器にする格安航空会社として、ダブリンで運航を開始した。しかし、問題が一つあった。ライアンエアーは低料金を支えるコスト構造になっておらず、一八〇〇万ポンドの赤字を出していたのだ。伝えられるところによると、ライアンエアーの創業者、トニー・ライアンが、現ライアンエアー・ホールディングスCEOのマイケル・オリアリーを個人秘書としてスカウトしたとき、オリアリーはライアンに、赤字を垂れ流している会社は閉鎖すべきだといきなり進言したという。ライアンは一九九一年にオリアリーをダラスに連れて行き、サウスウエスト航空のハーバート・ケレハー社長兼CEO（当時）に引き合わせた。アイルランドに戻ると、二人はサウスウエスト・モデルの複製にとりかかった。本章の冒頭でも引用しているが、『ウォールストリート・ジャーナル』紙のインタビューで、オリアリーは次のように語っている。「私たちはただ、ハーバート・ケレハーが成功させたモデルをコピーしただけである。ただし、うまくコピーしたのは私たちだけだろうし、サウスウエスト航空を凌駕していると言えるかもしれないのも、私たちだけだ。しかし、その点を除けば、サウスウエスト航空がモデルであることに変わりはない」（*15）

ライアンエアーは、サウスウエスト・モデルのうち、フレンドリーなサービスといったつかみどころのない部分は模倣せず、形式知化された要素を徹底的にコピーした。原型モデルの基本路線は踏襲したが、できる限り安い価格で、できる限り多くの人に座席を売るというアプローチにさらに磨きをかけた。間接費は限界まで削り、手荷物預かりから、優先搭乗、座席指定、飲料の提供など、考えられる限りのサービスを有償化した。シートにはリクライニング機

能を付けず、より多くの乗客を乗せられるようにしている。窓の日よけも、座席のポケットもない。これをつけると機体が重くなるし、清掃しなければいけないので、折返し時間が長くなってしまうからだ。

最近も、チェックイン・カウンターをなくし、手荷物の機内預かりを廃止している。機内トイレの有料化（主に折返し時間を短くするため）や、料金が割安な立乗り席の導入も検討中である。機体や機内の至る所に広告が掲示されており、レンタカーなど、旅行関連の会社とタイアップして収入を上積みしている。客室乗務員の制服も、事務スタッフのペンも、すべて自費購入である。チケットはほぼすべてオンラインで販売される。マイレージプログラムはない。

「私たちはアメリカのウォルマートに似ている。商品を高く積んで、安く売るところがだ」と、オリアリーは言う(*16)。あるアナリストもライアンエアーを「翼のあるウォルマート」と評している(*17)。この手法は収益性が非常に高く、純利益率は二〇％前後と、競合企業の約三倍に達する。サウスウエスト航空のケレハーは、「私が見てきた中で、サウスウエスト航空を一番うまく模倣している」と、ライアンエアーをたたえている(*18)。

もう一つのイージージェットは、サウスウエスト航空の低コストモデルと、ジェットブルー航空の質の高いサービス、主要な空港に乗り入れる利便性を組み合わせている。サウスウエスト航空と同じく、「人材こそが重要な差別化要因」であり、「当社の成功に不可欠だ」とうたう。ウェブサイト上で、「アメリカのサウスウエスト航空からビジネスモデルを拝借している」と認めているが、こうも付け加えている。「当社が提案する顧客サービスの定義とは、『行き届

いた利便性の高いサービスを低コストで提供すること』である。当社は、コストを徹底的に抑えながら、顧客に質の高い商品と素晴らしいサービスを提供していく」(＊19)

二〇〇五年の会議で、イージージェットの経営陣は、サウスウエスト航空からポイント・トゥ・ポイント・モデルの運航形態、使用機材の統一、小規模空港と大規模空港の使い分け、迅速な折返し、機体の高稼働率などのアイディアをコピーしたことを認めた。しかし、座席密度と有償座席利用率では、サウスウエスト航空をしのいでいる（有償座席利用率は、サウスウエスト航空の六九・五％に対し、イージージェットは八四・五％）。また、航空券直販方式のパイオニアを自任し、旅行代理店に手数料を支払っておらず、国際流通システムにも加わっていない。さらに、航空券のほぼすべてがインターネットで販売され、チケットレス化している。どのフライトも購入条件なしの一律片道運賃で（サウスウエスト航空は二〇〇〇年に運賃の種類を一一から六に減らしている）、搭乗日に近くなるほど運賃が低くなるのではなく、逆に高くなる。乗務員の給与体系に年功給がないなど、すべてにおいてサウスウエスト航空以上に簡素化を徹底している。イージージェットが模倣とイノベーションをどうバランスさせているかについては、次ページの表4-1を参照してほしい。

イージージェットは、ブリティッシュ・エアウェイズなどの大手航空会社、ブリティッシュ・ミッドランド航空などの従来型の格安航空会社に対して大幅なコスト優位にあるばかりか、実績もサウスウエスト航空を上回っている（表4-2）。

サウスウエスト航空と同じく、イージージェットも、「数多くの航空会社がイージージェッ

表 4-1　イージージェットのビジネスモデルにおける模倣とイノベーション

ビジネスモデルの要素	パイオニア
高資産回転率・低運賃	
ポイント・トゥ・ポイント・モデルのネットワーク（ハブ空港を持たない）	サウスウエスト航空
使用機種の統一	サウスウエスト航空
小規模空港と利便性の高い大規模空港の使い分け	サウスウエスト航空
迅速な折返し、高い機体稼働率	サウスウエスト航空
高い座席密度	サウスウエスト航空を超える
高い有償座席利用率	イージージェット
シンプルな運賃体系	
全便片道料金設定	イージージェット
曜日・時間などの購入条件なし	イージージェット
各便に設定される運賃は常時1種類	イージージェット
搭乗日が近くなるにつれて料金は下がらず、逆に上がる	イージージェット
透明で、わかりやすく、簡素	イージージェット
発足当初からの航空券の低コスト流通	
100%チケットレス	イージージェット
100%直販	イージージェット
旅行代理店に手数料を支払わない	イージージェット
国際流通システムを利用しない	イージージェット
当初は電話予約センター経由で販売、機体に電話番号をペイント	イージージェット
100%近いインターネット経由の流通	イージージェット

出所：イージージェット、2005年。2005年UBS輸送カンファレンス（ロンドン、9月19～20日）。
許可を得て使用。

トのビジネスモデルを模倣しようとしているが、ほとんど成功していない」と話しているが、イージージェットのイノベーションの多くがコピーされているという。制服の自費購入がそうだし、片道運賃の設定もそうだ。ライアンエアーは片道だけの料金設定を取り入れ（二〇〇〇年時点の運賃は六種類）、ブリティッシュ・エアウェイズも片道運賃を選択できるようにしている（＊20）。

ひとたびライアンエアーとイージージェットが成功すると、アジアのインポーターたちがすぐに追随した。アメリカやヨーロッパと違い、アジアは政治的にも経済的にも統合されていない。国際線は二国間協定があるので、運航計画が複雑になる。この状況では要素同士の対応づけが難しくなるが、それを補って余りある要因が存在する。たとえば、アジアの顧客は価格に非常に敏感であるため、格安運賃の集客効果は大きい。バス、鉄道、フェリーなど、安価な代替手段がたくさんあるとはいえ、機材が古く、安全性に問題があり、整備状況が悪いことで有名であり、ノンフリルの航空サービスでさえ魅力的に映る。

エアアジアのトニー・フェルナンデスCEOは、ライアンエアー・モデルをベースにし、ライアンエアーの元COO（最高執行責任者）のコナー・マッカーシーを招聘した。マッカーシーは五％の出資持ち分を取得している。エアアジアは使用する航空機を一機種に限定しているが、使用機材をボーイング737型機からエアバスA-320型機に変更した。同社によれば、エアバス機はボーイング機よりも単位コストが一二％、キャッシュコストが二〇％低い。サウスウエスト航空同様、エアアジアもSARS（重症急性呼吸器症候群）の大流行、アメリカ

表 4-2　イージージェットとサウスウエスト航空の実績比較

ボーイング737-700 2004年のフライト	イージージェット （単位：ポンド）	サウスウエスト 航空	対サウスウエスト 航空比
平均運賃	42.35	49.21	−14%
＋付随費用	2.55	1.96	
＝乗客1人当たり総収入	44.90	51.17	−12%
×支払い率	100%	87%	
＝搭乗客1人当たり収入	44.90	44.73	0%
×有償座席利用率	84.5%	69.5%	
＝1座席当たり収入	37.94	31.09	＋22%
×航空機1機当たり座席数	149	126	
＝1フライト当たり収入	5,653	3,917	＋44%
／1フライト当たり資産	4,708	5,292	
＝資産回転率	1.20	0.74	＋62%

出所：イージージェット、2005年。2005年UBS輸送カンファレンス（ロンドン、9月19～20日）。
許可を得て使用。

同時多発テロ事件を受けて、航空業界が大きく落ち込んだところでエアバス機を購入している。食べ物と飲料は機内に持ち込めない。宗教上の理由によるものだろうが、折返し時間を短縮する狙いもあるものと思われる。クレジットカードはアジアの一部ではまだ普及していないので、その代わりに銀行引落しが利用できる(*21)。

最近では、長距離路線を運航するエアアジアXが新たに設立されている。同社はプレミアムシートを設定しているが、フェルナンデスは、自分は「低コスト競争のバイブルに忠実に従って」いて、他航空会社との接続はせず、航空機の滞空時間を一日一八・五時間と、他のどの航空会社よりも長くしようと懸命に努力していると強調する(*22)。アジアの模倣者が運航を開始すると、格安航空会社はすぐに普及し、サウスウエスト・モデルや、アダム航空が採用したようなフリル系のイージージェット／ジェットブルー・モデルなどの第二世代の模倣者の手法を受け継いだ。インドでは、エアデカンがサウスウエスト・モデルを二〇〇三年にコピーしたが、すぐにコピーキャットの大集団が追随し、競争相手がひしめき合う空で利益をあげられなくなった(*23)。

最後のグループとして、サウスウエスト・モデルの一部の要素を選んで採用した航空会社もある。このプロセスはとても簡単なように見える。システム全体を取り入れるわけではなく、必要な要素だけを選択できるからだ。しかし、モデルはさまざまな要素が複雑に絡み合ってできている。そうした入り組んだ関係性を複製できなくなり、別のシステムの要素に合わない特性が残されたり、オリジナルの成功を支える重要な要素が抜け落ちたりするリスクがある。

その一例がアラスカ航空である。アラスカ航空は、自社のハブ空港であるシアトルにサウスウエスト航空が攻勢をかけてくるのを避けようと、サウスウエスト流の手法を取り入れることを決め、使用機材を統一し、折返し時間を短縮し、顧客と情報やサービスをやりとりする接点である顧客インターフェースに関連するコストを削減した。その一方で、ファーストクラスを設定し、マイレージプログラムを提供するなど、充実したサービスを維持して差別化を図ったが、「業界最高の価値」を実現するという同社の手法が大成功しているとは言いがたい。

アメリカウエスト航空（現・USエアウェイズ）は、割安航空会社の変種に業態変更して、大きな成功を収めている。二〇〇四年の有効座席マイル当たり費用は七・八一セントと、サウスウエスト航空の七・七七セントとほとんど変わらないながら、ハブ方式とファーストクラス設定を維持している。同社は定時運航とサービスを重視しており、二〇〇七年に最下位だった定時運航率は、二〇〇八年には第一位に躍進した(*24)。ノンフリル系格安航空会社との差別化を強化するため、コンチネンタル航空の手法を模倣し、定時運航目標を達成したときには全社員にボーナスを支給する制度や、優れた顧客サービスを提供した社員を表彰する制度を導入した。同じように、パイロットが短時間で機体を折り返すようにするためのインセンティブとして生産性給を導入するなど、サウスウエスト・モデルの一部の要素をコピーして大きな成功を収めている模倣者は他にもいる。

ウォルマート――洗練して模倣する

一九六二年は、ディスカウント小売業界にとってきわめて重要な年になった。Ｋマート、ウォルマート、ターゲットがこの年に創業しているのである（Ｋマートは、一八九九年に創業した一〇セントストアを、ウールワースをモデルに一九六二年にディスカウント業態に転換した）。ウールワースのディスカウント部門、ウールコが誕生したのもこの年だ。この四社はいずれもディスカウントストアのパイオニアではなく、Ｅ・Ｊ・コルベット、マンモス・マート、ザイヤー、ボルネードなどが先行していた。

一九六二年には、ディスカウント小売業界はすでに二〇億ドル規模に成長していた。パイオニア企業は今は存在しない。そして、一九六二年の参入企業は、ウールコを除き、ディスカウント業態はもちろん、小売業界全体をリードしている。

その筆頭格がウォルマートである。世界最大の小売企業であり、年間売上高は三五〇〇億ドルを超える。店舗の規模の大きさと「エブリデー・ロープライス」（「商品を高く積んで安く売る」）路線は有名だが、きわめて効率的な物流・情報システムを構築していることも、よく知られている。小売業界で最初にサプライチェーン管理を自動化した会社であり、一九七四年に在庫管理をコンピューター化したのを契機に、一九七九年には販売時点管理システムを、一九八一年には電子データ交換を、一九八五年には衛星ネットワークを導入した。ウォルマートはベンダー主導型管理在庫システムを取り入れており、サプライヤーと流通センターやアウト

レット店舗がネットワークで結ばれていて、売上高は時々刻々と集計され、分析される。さらに、自社トラックと流通センターを活用するクロスドッキング・システムを整備しているため、在庫は圧縮され、売上原価率は業界平均よりも二〜三%低い。

この効率性の高さは、大幅なコスト削減につながっている。ウォルマートは一九八九年に年間最優秀小売企業に選ばれたが、そのときの物流コストの対売上高比は一・七%と推定される。当時、ウォルマートよりも大きく、規模の点で優位にあったKマートは三・五%、シアーズは五%だった。また、効率的な物流・情報システムを活かして、購買やマーチャンダイジングを調整することも可能である(*25)。

ウォルマートの戦略は、競合企業のみならず、小売業界の枠を超えて、広く模倣された。ライアンエアーのオリアリーCEOは、自社が「空のウォルマート」と呼ばれることを誇りにしていた。デルのケビン・ロリンズCEOは、自分の会社が「コンピューター界のウォルマート」と呼ばれていることをどう思うかと質問されて、こう切り返した。「当社を誹謗中傷するつもりで、そんなわけのわからないことを言っているのだろう。(しかし)私たちはそれを最大限の賛辞だと受け取っている。何といっても、ウォルマートは大きな成功を収めている会社なのだから」(*26)

きわめて効率的な情報システム、サプライヤーとの連携から、グリーター(入り口で買い物客に挨拶して出迎える接客係)制度まで、ウォルマート・モデルのさまざまな要素が、小売業界内外の多くの企業に次々にコピーされている。しかし、他社にとってモデルとなっているウォル

マート自身も、他の企業や業態を観察して、必要に応じて模倣する優れた能力を発揮している。ウォルマートの創業者、サム・ウォルトンは、「私がやったことの大半は、他人のコピーである」と語ったと伝えられている。一例として、同社のハイパーマーケット業態は、ウォルトンがブラジルでこの業態を視察した後に開店させたものだ(*27)。

ウォルマートは、ターゲットが導入したコンピューターによるスケジューリングシステムのように、競合他社が独占権を持たない第三者のイノベーションも素早く取り入れている。二〇〇〇年には、ウォルマートに対して起こされた著作権侵害訴訟で、アメリカ最高裁は、ドレスのデザインは法律によって保護されるものではないとの判断を示し、原告の訴えを退けている。イギリスの小売最大手、テスコがアメリカに進出し、生鮮食品を扱う小型アウトレット店舗をオープンすると、ウォルマートは、以前にウォルマートを模倣した相手のイノベーションをすぐさま模倣して、小型業態の「マーケットサイド」をオープンした。

その一方で、ウォルマートは単なる模倣者ではなく、イモベーターでもあった。他人のアイディアを借用するときには、戦略上の重要な分岐点を強化し、進化させ、活用する方法を見出そうとしたのである。その一例が、バーコード技術だ。ウォルマートはバーコード技術を食料チェーン店業界から取り入れた。もともとは商品の精算に使われていたものだが、ウォルマートはこの技術を購買パターンの分析にも活用した。これはどの小売会社にとっても貴重な能力となるが、サプライチェーンの効率性と価格で競争している会社にとっては、とりわけ大きな意味を持つ。

ディスカウントストアによる模倣

ウォルマートの戦略を、ライバルのKマートと対比して考えてみよう。Kマートには、一〇セントストア時代に蓄積された資本、ノウハウ、経験があり、ディスカウント業界では一日の長があった。一九六三年末の時点では、Kマートは五三店舗を展開していたが、ウォルマートは二号店の出店を検討しているところだった。一九七九年の店舗数は、Kマートの一八九一店に対し、ウォルマートは二二九店だった。規模の優位性を活かして、購買コスト、マーケティングコスト、物流コストを削減したが、ウォルマートの効率運営には勝てなかった。Kマートは物流サポートシステムには投資せず、配送と経営情報システムの管理を外部に委託した。従来の資本収益率の基準に照らせば、そうした機能を内部で維持することはコスト面で見合わなかったからだ。その結果、売上高一ドル当たりの物流コストは、ウォルマートが業界最低水準の二セント未満だったのに対し、Kマートは五セントに膨らんだ。

Kマートがウォルマートの模倣に本格的に取り組み始めたのは、一九八二年初めになってのことだった。その時点ですでにウォルマートに大きく水をあけられていたKマートは、情報技術の整備にとりかかり、ウォルマートの元コンサルタントを責任者に据えた。残念ながら、情報技術への投資を最大限に活かす能力も、環境も、Kマートにはなかった。同社はねらいとする顧客層に到達するために、都市部を中心に店舗を展開していたが、その立地がネックになった。商圏外の買い物客を取り込むことができず、トラックで効率的に配送するのも難しかった。この問題に気づいたKマートは二〇〇三年、物流が重要なカギを握る生鮮食品の取扱

いを中止した。その後、ウォルマート・モデルから必要な要素を選んでコピーすることを試みて、回転式のレジ袋詰め機を導入したり、価格交渉では数量値引きだけでなく、陳列スペースも交渉の基準に加えたりした。Kマートはウォルマートに比べて高コスト構造になっていたため、価格面では渡り合えず、高級路線にシフトしようとした。しかし、このセグメントで事業を展開する知識もブランド力もなく、店舗の立地も足かせになった。その後、シアーズと合併して立直しを図ったが、苦境は続いている(*28)。

一ドルショップチェーンのダラーゼネラルがたどっている道は、ライアンエアーがたどった過程に近いところがある。同社は一九三九年に創業したが、後にウォルマートを強く意識するようになった。この点は年次報告書でずっと言及されている。ダラーがめざしているのは、ウォルマート・モデルをしのぐ低コストで簡素な事業運営である。在庫は圧縮し、広告費は抑えて、賃料が安いエリアに出店する。そして、取扱商品を低価格品に絞り込み、短時間で買い物がすむ都市部の小規模店という利便性を売りにして、コストを抑制している。高度なサプライチェーンを構築していることもあって、取扱品目を絞り込んだ効果は大きく、営業費用は、ウォルマート以下とまではいかないまでも、ほぼ同じ水準にある。たとえば、二〇〇三年の売上高一ドル当たりの利益は、ウォルマートが三・五セントだったのに対し、ダラーゼネラルは四・三セントだった。ウォルマートはダラーゼネラルに対抗して、同じような商品を同一の価格で販売する「ペニーズ・エン・センツ」コーナーを一部店舗内に試験導入した(*29)。

ベストバイのディック・シュルジー会長は、一九九五年に「ベストバイは一〇年後に

一〇〇〇億ドル企業になる」と宣言した。ウォルマートの創業者も一九九〇年に同じ宣言をしている。ベストバイは今やアメリカ最大の家電量販店チェーンであり、海外にも店舗展開している。ウォルマートに倣い、オペレーションと規模の効率性を追求しているが、圧倒的に豊富な品揃え、高い商品知識を持つ店員の配置、買い物のしやすさで差別化している。わかりやすい売り場の表示や買い物ガイド、買い物客が目当ての商品を見つけやすい店舗のレイアウト、最短の精算時間、役に立つ広告が高く評価されて、数々の賞を受けている。シュルジーが宣言をしたとき、ベストバイは大手小売会社の中で唯一、ウォルマートに迫る低コスト経営を実現していた。ウォルマートのサプライチェーンを模倣し、さらに、取引一件当たりの利益で業績を厳密に測定するのではなく、販売成約率を上げることに焦点を合わせた結果である（*30）。

ベストバイの戦略は成果をあげ、ウォルマートが大型家電に進出したこともあって、同業のサーキットシティは苦境に立たされた。スカイバス航空と同じように、サーキットシティは相いれない二つのモデルを模倣しようとした。一つは価格競争に焦点を合わせたモデル、もう一つは知識、経験、サービスに焦点を合わせたモデルである。コストを徹底的に削減しようとしたが、低コストで事業を運営する能力がなかったため、サーキットシティは優秀な販売員（つまり、給与の高い販売員）を解雇するという非常手段に出た。それは、専門知識を持つ販売員による個別対応サービスという、ウォルマートとの差別化要因を取り除くことにほかならない。

同時に、設置サポートを行う「ファイヤードッグ」サービスを開始した。これはベストバイの「ギークスクアッド」のコピーであり、P&G用語でいう「二つ目の真実の瞬間」である「製

品を使用するとき」で、ウォルマートとの差別化を図る狙いがあったものと思われる。こうして、最安値も提供せず、最高の顧客サービスも提供しないという矛盾するモデルを、サーキットシティは生み出してしまう。二〇〇八年末、サーキットシティは清算手続きを開始した。

模倣を学習する

ウォルマートが玩具に積極的に進出し始めると、サーキットシティが経験したような攻勢に、今度はトイザらスがさらされることになった。トイザらスは当初、大手航空会社の格安航空部門が犯した間違いを繰り返した。低価格モデルを、それに見合う低コスト基盤を作らずに模倣したのである。二〇〇五年に投資会社グループに買収されると、ようやく価格競争から脱却し、店舗のレイアウトを変え、商品の回転率を高め、社員研修に投資するようになった。玩具メーカーと緊密な関係も築くようになり、そこからユニークな商品アイディアが生み出された。これはターゲットがとった戦略と同じものである。値引き販売とサプライチェーンではウォルマートを模倣しているが、現在では、差別化を十分に進めて、わずかながら価格プレミアムを引き出せるようにして、規模と効率性の劣位を埋め合わせている。新たに生まれたビジネスの機会や差別化の機会を素早く捉える機動性も増している。つい最近も、経営破綻したケイビートイズが撤退したショッピングモールに小型店や販売スタンドを開設した。

スーパーマーケットチェーンも、同じような学習曲線をたどった。ウォルマート・モデルの低価格構造を構築しようとしたが、自社の営業費用モデルではそれを維持することができな

かった。そうして、競争の軸を高級感、商品の鮮度、独自の品揃えへと移していった。

たとえばクローガーは、従来型の食品スーパーの中の最安値店の地位を維持しながら、都市部の店舗では、厳選された食料品を廉価で販売している。他店よりも高級感のある買い物体験、充実した品揃え、小口包装、調理済み食品の利便性を提供することで、差別化を図っている。この手法が奏功して、小規模食品スーパーチェーンの市場シェアを奪いながら、ウォルマートなどの大規模小売店に対する競争力も保っている。また、テスコ傘下のリサーチ会社、ダンハンビーと契約して、買い物客の購買パターンの分析も行っている。

アメリカのホームセンターチェーンのホーム・デポ、文具チェーンのステイプルズ、チェーンデパートのノードストローム、アパレル製造小売りのギャップも、ウォルマート・モデルから一部の要素を選んでコピーした。バーコードの導入、サプライヤーとの情報の共有化、販売時点情報管理などを導入した結果、差別化要因を手放すことなく、コスト差を縮めることに成功している(*31)。

ターゲットも、差別化に成功した模倣者の一つである。ジェットブルー航空やベストバイのように、「プレミアム・ディスカウント」というポジショニングをとり、「期待は高く、価格は安く」をモットーに、ディスカウントストアより高い品質、専門店より安い価格を提供して、ウォルマートと差別化している。この点では、アニメーション会社の後発で、低コストと差別化という「実用」戦略をとったワーナー・ブラザーズに似ている(*32)。ターゲットも、コストを抑えながら、斬新で高級感のある要素を取り入れた。

このモデルはうまく機能しており、ターゲットの株価収益率はウォルマートを大きく上回っている。ターゲットは「外部の影響を非常に積極的に取り込んでいる」とされ、オペレーション、サプライチェーン、IT、販売はウォルマートを模倣しているが、マーチャンダイジングとマーケティングでは差別化している(*33)。ターゲットは高級路線にポジショニングしていることから、同社の経営陣は、ウォルマートに追随して新興国に進出するのは、現時点では得策ではないと考えている。グレッグ・スタインハフェル会長兼CEOは、「インドや中国は豊かになってきたので、ターゲット・モデルの戦略を受け入れる環境が整いつつあるとは言える」と見ている(*34)。また、富裕層を主な顧客層としてきたターゲットは、自社のモデルは複製するのが難しいと、自信をのぞかせる。「この先、模倣されることは絶対にないとは言い切れない。（しかし）低価格車のユーゴが高級車のBMWに変わるとはとても思えない」と、元ターゲットCEOのロバート・ウルリッヒは指摘する(*35)。

韓国のディスカウントストアのEマートは、イージージェットと同じように、ウォルマート・モデルとターゲット・モデルの要素を移植して、国内市場の環境に適応させた。Eマートは広いターゲット・モデルの店舗を展開しているが、韓国の事情に合わせて屋外市場のような雰囲気を作り込んでいる。顧客インターフェースの面で差別化を図っており、この領域では、当然ながら、国内企業のほうが外国の競合企業よりも優位にある。ウォルマートの韓国事業は、自社のモデルを現地の要求にうまく合わせることができずに失敗し、Eマートに買収されている(*36)。中国のウーマートなど、小売会社のインポーターも同じような戦略をとって、大

きな成功を収めている。

アップル――再結合して模倣する

スティーブ・ジョブズがアップルのCEOに復帰して最初にしたことの一つは、ライセンス供与を中止したことである。当時のアップルのライセンス方針はIBMのパソコン事業の方針を模倣したもので、新しい標準を確立することを狙って、未来の競争相手にコードを公開していた。IBMは無償で仕様を公開したが、アップルはシステムをライセンス供与する戦略をとっており、その点では多少の違いはあったものの、結果は同じだった。クローン機メーカーが大きな市場シェアを奪ったのである。ジョブズはそのリスクを身をもって知っていた。アップルがパソコンの一号機を発売したとき、アジアの模倣者たちがまたたく間に猛烈な勢いでコピーしたため、アメリカ国際貿易委員会が二〇製品のアメリカでの販売を禁止するに至った。過去一〇年間を振り返ると、アップルの手法やプロセスの多くはもちろん、iMacからiPod、iPhoneまで、アップルのほとんどすべての新製品が、発売後すぐに模倣されている。

アップルは革新的な会社というイメージを周到に築いている。二〇〇六年の展示会では、エルビス・プレスリーの物真似をする人をスクリーンに映し出して、模倣がオリジナルを超えることは絶対にないとまで訴えている。しかし、そのアップル自身が卓越した模倣者なのであ

る。アップルのジョン・スカリー元CEOは、マッキントッシュの技術のほとんどは「アップルの中で発明されたものではない」と書いている(＊37)。マックのビジュアル・インターフェースは、ジョブズがゼロックスのパロアルト研究所（PARC）を訪問したときに着想を得たものであり、ジョブズはPARCから数人の研究者を雇い入れている。マウスに代表されるインターフェースも、ゼロックスが発明したものではない。発明したのはダグラス・エンゲルバートという科学者で、エンゲルバートの同僚の研究者の多くが後にPARCに移っていったのである。

アップルのアプリケーションが商用化されると、すぐにマイクロソフトが模倣して、ウィンドウズを生み出した。ウィンドウズとMacOSの後のバージョンには、相手が考案した機能がたくさん盛り込まれている。その後も、アップルはゲートウェイの直営小売店のコンセプトを模倣し、改良を加えていくが、これもマイクロソフトがウォルマートの元幹部を起用して追随することになる。ブーツメーカーのラグズが二〇〇五年に、アップルの広告代理店が同社のコマーシャルをコピーしたとして放送中止を要請したときも、ラグズ側は、「きわめて革新的な企業」と言われているアップルが模倣をしたことに非常に大きなショックを受けたと言い添えている(＊38)。

何よりアップルは**アセンブリーイミテーション**の達人であり、数多くの先人たちが通った道を歩んでいる。偉大な発明をした先人たちは、既存の技術や素材を使い、それを再結合して、新しい技術を生み出してきた。グーテンベルクの活版印刷は、油性インクと、オリーブオイル

やワインの生産に使われる搾り機を組み合わせて生まれた。航空機史上最大の成功を収めたといわれるマクドネル・ダグラスのDC－3型機は、既存のイノベーションを組み合わせて、精巧でありながらシンプルなマシンが作り出された(＊39)。アップルも同じロジックを使った。ジョブズは「次の革命を起こそうとするな。スマートで手頃な消費者製品を作り出せば、それでいい」と語っている(＊40)。アセンブリーイミテーションの達人であるアップルは、既存の技術を斬新な発想で再結合することに創造性を使っている。そのようなアップルのアプローチを『エコノミスト』誌はこう評する。「アップルはイノベーターだと広く考えられている…（中略）…しかし実際には、アップルの本領は、自社のアイディアと外部の技術を縫い合わせて、その成果にエレガントなソフトウェアとスタイリッシュなデザインをまとわせることにある…（中略）…アップルは…（中略）…一言で言えば、技術のオーケストレーターであり、インテグレーターである。外部からアイディアを取り入れることを恐れず、そこに必ず独創的な工夫を加えるのである」(＊41)

ヒューレット・パッカード（HP）の元幹部、スティーブ・ダンフィールドは、アセンブラー型アプローチをとっているパソコンメーカーのもう一つの例として、台湾のエイスースステック・コンピューターを挙げる(＊42)。エイスースステックは、新しい技術と既存の技術を組み合わせ、手頃なパッケージで携帯性、デザイン、実用性に優れたパソコンを提供するというイノベーションを起こしている。あるアナリストが指摘しているように、同社は「性能と処理速度の向上を競い合うパソコン業界の典型的なサイクルを破壊し、より手頃で、持ち運びしやす

いものを生み出している」(＊43)。そのモットーを方向転換して、新製品を六週ごとに投入したときは消費者の混乱を招いたが、現在では軌道修正されている。

アップルのような幅広いスキルがない会社はどうしたかというと、自社のスキルと外部のパートナーのスキルを結合しようとした。組立て―再結合戦略の変種である。この戦略は、提携することで複雑さが増し、取引コストが膨らむという欠点がある。マイクロソフトとサムスンは、それぞれ他のベンダーと提携して、iTunesに対抗する音楽配信サービスを本格的に開始したが、このアプローチは失敗に終わった。両社は、成功している企業であるがゆえに、提携能力が高くなかったことがその一因である。

ところが、「パートナーによる再結合」は、サンディスクではうまくいった。エリ・ハラリCEOは、「(アップルが) したことはコピーして改良を重ねるだけの価値がある。このことに疑いはない」とコメントしている(＊44)。リアルネットワークスと提携したサンディスクは、二〇〇六年第二・第四半期末には、デジタルオーディオプレイヤーで一〇％の市場シェアを獲得した。その後、ジング・システムズ、ヤフーと手を組んで、ものによってはオリジナルをしのぐ能力を持つ新しいワイヤレスデバイスを発売した。デジタルオーディオプレイヤー「サンサビュー」でも同じアプローチをとり、iPod nanoと同じ価格で二倍の容量を持つ商品を開発している(＊45)。

模倣の試みに共通して言えることだが、再結合を成功させるには、対応づけの問題を解決する必要がある。もっと良いのは、オリジナルをしのぐ解決策を見つけ出すことだ。アメリカの

化粧品会社、メアリー・ケイ・コスメティックスは、食品保存容器が最も有名なタッパーウェアが始めたホームパーティー方式と、エイボンが化粧品事業で開拓した直販モデルを合体させた。ホームパーティー方式は社会的グループの要素が強く、タッパーウェア以上に化粧品のほうが相性が良かった。さらに、この組合せは「自分を高めようとする女性たちのコミュニティ」という創業者のメアリー・ケイ・アッシュの経営理念とも一致していた。後に他社が直販と社交パーティーの組合せを模倣して、他の市場セグメントに応用しようとするのだが、うまく適合せず、多くは失敗に終わった。

成功の「秘訣」

一部の模倣者が他の模倣者よりも成功しているのはなぜなのだろう。本章で取り上げた事例を詳しく見ていくと、いくつかの要因が成否を分けているように感じられる。

敗者は、そのモデルがなぜ成功しているのかを説明する理由が詰まっているブラックボックスを開けて、中身を解明することができていない。レプリカを作れば同じ結果が生まれるだろうと期待して、オリジナルを極端に単純化したが、モデルの複雑さを把握できなかった。基礎的能力などもその複雑さに含まれるが、これ次第で、モデルのパフォーマンスは変わってくる。そのため、かつてはアニメーション会社の大手だったフライシャー・スタジオが犯した間違いを、多くの会社が繰り返した。フライシャーは後発のディズニーに後れをとり始めると、

すぐにディズニーをコピーしようとした。しかし、新しいカラー技術を有効に使う能力がフライシャーにはなかった。さらに、ディズニーの「甘ったるいリアリズムはフライシャーのアニメーターには合わなかった」(＊46)。スカイバス航空、サーキットシティに代表される別のグループは、複数のモデルを交ぜ合わせる「合理的買い物」型アプローチをとったが、モデルの間で発生する矛盾を解消できなかった。

要約すると、失敗した模倣者は真の模倣を行っていなかったということになる。対応づけの問題を解決できなかったばかりか、それに取り組みさえしないケースもあった。そのため、明治維新の改革者のようにモデルを状況の変化に適合させることはもちろん、きちんと機能するレプリカを作り出すこともできなかった(＊47)。

これに対し、成功した模倣者は、さまざまなやり方で対応づけの問題を解決している。ライアンエアー、バリュージェット航空、ダラーゼネラルに代表されるグループは、形式知化された基本原則に即しながら、それを発展させる形でモデルを拡張した。ジェットブルー航空、ターゲット、ベストバイに代表される別のグループは、モデルのカギとなる要素を模倣したが、別の側面、とりわけ質の高いサービスで周到に差別化を図った。

一番成功していると思われるのが、モデルを別の環境に移植したインポーターである。このグループは、市場の差異を利用して利益をあげる経営手法であるアービトラージ（裁定取引）戦略を実行したと言える。インポーターたちは、新しい領域のパイオニアになる利益を獲得しながら、うまくいくことが証明されているものを、基礎的な条件が似ているか、オリジナルよ

りも優れている環境の中で複製することでリスクを軽減しているからである。その意味では、元ペプシコ幹部のライオネル・L・ノウェルの言葉を借りるなら、インポーターは模倣者である。「実際には、すでに行われているもの、他のどこかで成功しているものを模倣しているにすぎないからだ」(*48)。そしてまた、インポーターはイノベーターでもある。レビットはイノベーションの定義として、「世の中で初めての試みである」ことと、「その業界や市場にとって初めての試みである」ことを挙げており、インポーターはこの条件に合致する。

そして、本書で取り上げた模倣のモデル企業自身が卓越した模倣者だったことは明らかである。他者を模倣しているが、模倣する要素を厳選しているだけでなく、特に戦略上の重要な分岐点に関して、対応づけの問題を解決している。サウスウエスト航空がまさにそうだった。同社は情報システムが十分に整備されていなかったというピープル・エキスプレス航空の重大な欠陥を修正している。ウォルマートも、先行者が実践した要素を吸収しながら、サプライチェーンを改良し、急速に規模を拡大して、価値を高めた。アップルもそうだ。ゲートウェイの直営小売店などの失敗例や、IBMのパソコン事業などの成功例から学び、さまざまな要素を結合するスキルを磨き、活用するようになった。

さらに、自ら模倣を重ねたモデル企業はイノベーターであっただけでなく、イノベーターであり続けようとした。つまり、本書で取り上げた模倣のモデル企業は、イモベーターだったのである。

第４章のまとめ

①模倣のアプローチには、複製、既存のモデルの拡張から、差別化、移植、再結合まで、さまざまな種類がある。

②大きな成功を収めているコピーキャット企業は、真の模倣を行っている。そのためには、因果関係を解明し、対応づけの問題を解決しなければいけない。

③大きな失敗をしたコピーキャット企業は、自社の既存のモデルと模倣対象のモデルを併存させようとする、相いれないモデルを結合しようとするなど、真の模倣に及ばない単純な模倣をしている。

④模倣のモデル企業の多くは、卓越した模倣者であると同時に、イノベーターでもある。つまり、イモベーターなのである。

Imitation Capabilities and Processes

第5章

模倣の能力とプロセス

絵画を見る者は、模倣能力を持っていなければならない。馬や牛がどのようなものであるかを知らなければ、描かれた馬や牛を理解することはできないだろう。

――ティアナのアポロニウス（＊1）

科学者も気づき始めたように、誰もが模倣能力を持っているわけではない。ビジネスの世界でも、模倣能力を効果的に発揮し続けている企業もあれば、そうでない企業もある。ＩＢＭはパイオニアやイノベーターから何度も主導的な地位を奪っていて、最初にメインフレームで、次にパソコンで主導権を奪っている。これに対して、社内外の過去の失敗から学んでいるはずなのに、何度も失敗を繰り返す企業もある。デルタ航空の格安航空部門、ソングがその例だ。

もちろん、成功も失敗も、さまざまな要因が絡み合って生まれるものである。運も少なから

ず影響する。しかし、実際の事例を見ていくと、基礎的な能力が模倣の取組みの結果を大きく左右していることがわかる。模倣に関する脳科学研究の最大の成果は、**ミラーニューロン**の発見である。ミラーニューロンは、他者の行動を自分の行動と照らし合わせて、相手に共感する、という知的活動を可能にする神経細胞だ。認知科学用語に、**象徴的模倣**、あるいは**第五段階**の模倣という言葉がある。これは、観察者の行動と実行者の行動が一致しない模倣［訳注：目の前で示される動作をそのとおりに再現するのではなく、動作の意味や本質を理解して、それを自分の身体で再現すること］を指す。その背景にあるのが、このミラーニューロンだ(＊2)。企業にとってのミラーニューロンに相当するのが模倣能力である。模倣能力を備えた企業は、別の組織に埋め込まれた、さまざまな要素が結合してできたモデルを分解し、それを翻訳して、模倣者の文化、ニーズ、環境に適合させることができる。本章はこうした能力に焦点を合わせる。

企業に求められる模倣能力は六つある。これは、私の経験、入手可能な実例の徹底検証、多数の企業幹部へのインタビュー調査をもとに導き出したものだ。模倣ゲームで成功したいのであれば、この六つの能力を開発して、完全に使いこなせるようにならなければいけない。こうした能力を機能させるために必要なスキルはそれぞれ異なるが、どの能力も互いに密接に結びついており、他の能力の土台の上に構築されている。

・模倣の心構えを万全とする……模倣を受け入れるだけでなく、模倣をイノベーションと同じように高く評価して奨励する文化や意識を作る。

・模倣対象を参照する……模倣する価値がありそうなモデルを特定し、ターゲットに設定する能力である。
・情報を探索し、標定し、選択する……模倣する価値のある製品、プロセス、サービス、慣行、アイディア、モデルを探し、可能性を見極めて、選択するスキルである。
・対象の脈絡を理解し、自らに適用する……関連性のある環境要因を特定し、原型モデルと模倣をそれぞれの状況に埋め込まれたものとして捉えるスキルである。
・対象に深く潜り込む……単に相関関係を分析するにとどまらず、対象に深く潜り込んで調査し、複雑な因果関係を把握する能力である。
・模倣を実践する……模倣する要素を素早く効果的に吸収、統合、配置し、実務レベルに落とし込む能力である。

それでは、模倣のスキルに一つひとつ深く潜り込んで見ていくことにしよう。

模倣の心構えを万全とする——他社を模倣する準備を整える

学者も実務家も、他者に模倣されないようにするにはどうすればいいかという問題に全神経を集中させているため、自分が他者を模倣する際にはどんな障害があるかということは、ほとんど顧みられていない。模倣を阻む障壁には、自己満足や市場に対する視野の狭さから、派閥

争い、既得権、慣れ親しんだルーティンに対する安心感、自負心まで、さまざまなものがある。セオドア・レビットによれば、電動歯ブラシが初めて登場したときには、競合メーカーから疑いの目をもって見られたという(＊3)。ライバル企業が類似の製品を導入すべきかどうかを判断するためにユーザーや潜在購買層を調査したときも、懐疑的な見方が強く、経営者の関心は薄くて、うわべだけの調査をするような状況だった。メーカーの関心度も、優先順位も、「社内で発明された（invented here）」プロジェクトのほうが上だったのだ。

こうした考え方は今も根強く残っている。皮肉なことに、イノベーターのほうがそう考える傾向が強い。豊富な技術経験があり、優れた研究開発部門を抱え、画期的な技術革新を最初に市場に送り出した実績を持つ企業は「模倣にすぎないものを作り出すことをほとんど受け入れない」ことが、調査で明らかになっている(＊4)。

「最高のものはすべて発明されるものだと、誰もが当然のように考えている」と、P&G元副会長兼CFO（最高財務責任者）のクレイトン・C・デーリー・ジュニアは言う(＊5)。こうした風潮に釘を刺すため、P&Gでは、「最高のアイディアがすべて当社の研究開発担当者やマーケティング担当者によって発明されるわけではないという認識」を社員に浸透させているという。デーリーも認めるように、そうするには組織を根本的に変革することが求められる。アメリカのアパレル販売大手、ザ・リミテッドのレスリー・ウェクスナー、ペプシコ元幹部のライオネル・L・ノウェル、アメリカのバテル記念研究所のアレックス・フィッシャーなど、数多くの企業幹部が、模倣に対するマイナスのイメージがアイディアの商業化を成功させるうえで

最大の障害になっていると考えている（*6）。

謙虚になれ

一八七〇年代に日本政府に招かれて来日したスコットランド人技師、ヘンリー・ダイアーは、後に予言めいたことを記している。「イギリスは日本からいくつかのことを学ぶのを恥ずかしいなどと思ってはならない」（*7）。模倣の文化を築くということは、オープンな気風を育てることはもちろんだが、相手が成功しているかいないかに関係なく、自分たちは他者よりも上だという意識を持たないようにするということでもある。ある心理学研究によれば、「他者を模倣する行為は、自分よりも相手のほうが有能であると認めて、自分が出した答えを放棄することを意味する」ものであり、「有能な競争相手に対する優越感が少ない人ほど、模倣することが多かった」という（*8）。

だからといって、自分で答えを出さなくてもいいということではない。私たちは謙虚になることを学ばなければならない、他のところから入ってくる情報や意見をフィルターにかけてはいけない、ということだ。バテル記念研究所のカール・コート社長兼CEOは、「傲慢になりすぎること」を、模倣を成功させるうえでの大きな障害として挙げる。P&GのG・ギルバート・クロイドも、イタリアの自動車部品・ギア製造最大手、カラーロのオペレーション担当副社長スタン・ブリエンズも、アメリカの大手地銀、フィフスサード銀行のダン・シャックルフォード元会長も、そう口を揃える（*9）。

競争相手が自分の会社を模倣しているのを目にしたときも、謙虚に受け止めなければいけない。漸進的改良を「単なるコピーだ」と切り捨てるのはたやすい。光学露光装置メーカーのキャスパーは、優れたキヤノン製部品を目の当たりにしたときにそうしてしまった。しかし、キャスパーが身をもって学んだように、自己満足に陥ると、足をすくわれることになりかねない(＊10)。ペプシコのノウェルの話によれば、模倣が受け入れられるようになるには、「柔軟な姿勢、偏見のない心、変わろうとする意志」が重要だという。ザ・リミテッドのウェクスナーは、「好奇心」を一番に挙げる(＊11)。

イノベーションの場合にも、これと同じような人の特質が重要だと指摘されることが多い。これは偶然ではない。ところが模倣となると、乗り越えなければならない障害が一つ増える。模倣につきまとうマイナスのイメージだ。一六〇〇年当時の日本は、どの国よりも多くの銃を持っていたが、異国で発明されたという理由で銃の使用が軽蔑されるようになったこと、サムライにとって銃は自分たちの階級の象徴である刀を脅かすものであったことから、重要な技術である銃火器は日本では姿を消してしまった(＊12)。

多くの企業が同じような苦境に立たされている。問題の一因は報酬のシステムにあり、裏返せば、これは解決策ともなる。レビットが指摘するように、「称賛、高い評価、昇進は明らかに革新的な人に与えられる」が、「模倣しようと提案する人は、能力が劣っているとか、価値がないとか見られる」(＊13)。模倣を表彰しているCEOを見たことがあるだろうか。会社の記念ホールの壁などで、「イノベーター表彰者」の写真の隣に「イミテーター表彰者」の写真が

並んでいることがあるだろうか。それでも模倣を称賛する必要があるのだと、ウェクスナーは言う(*14)。この言葉は、モデルとなる行動が強化されたり罰を与えられたりするのを観察するだけで、その行動を学習することができるとする心理学の「代理行動」モデルと一致する。代理行動とは、要するに、真の模倣のことである(*15)。

商業的に成功する可能性を秘めているアイディアの潜在力をフルに引き出す第一のステップは、成果ベースの提案制度を作ることである。この点では、シャーウィン・ウィリアムズやP&Gが取り入れているシステムが参考になる。「研究開発を評価しているところに行って、外部から取り入れた新しいアイディアにはどんなものがあるかと質問し、『これはすごいアイディアだ』と言う。これで目標達成だ」と、デーリーは語る(*16)。クロイドの話では、P&Gでは会社への貢献が報酬に反映されるので、イノベーターにも模倣者にも、同じように報いることができるのだという。会社に貢献した者は、イノベーターか模倣者かに関係なく、同社の歴史に名を残すイノベーターの名前を冠したビクター・ミルズ・ソサエティに入会することも認められる(*17)。模倣に対する汚名を払拭しようと、フィフスサード銀行のシャックルフォードは、マイナスのイメージがない新しい名前をつければ、報酬によって模倣を強化できるようになるのではないかと考えている。シャックルフォードが気に入っているのは「イマジニアリング」だ(*18)。

模倣対象を参照する――遠い世界から意外なお手本を見つける

学術論文では、模倣の傾向は選択したモデルに応じて三つに分けられている。一つ目は、**頻度ベースの模倣**である。この模倣は、ある集団（一番多いのは同じ産業に属する企業群）の間で最も広く行われている行動を真似ることである。二つ目は、**属性ベースの模倣**である。これは、自分に一番よく似ている企業、たとえば、規模が同じ企業や参入している市場空間が同じである企業の行動に追随することをいう。三つ目の**結果ベースの模倣**は、良い結果を生んでいるように見えるものを模倣するというものである。

この三つは相互排他的ではなく、互いに重なり合っている。病院、ホテル、投資銀行は権威のあるプレイヤーを模倣しているが、高業績企業がモデルとして選ばれるときも、権威あるプレイヤーが模倣のモデルになる可能性はきわめて高い。国内外で高い評価を得ている企業は模倣のモデルになりやすいし、業界団体に加盟している企業も同様である。

規模が大きくて、権威があって、成功している企業が選ばれるのは、そんな企業を後追いすれば、より良い結果を得られると考えられているからというだけではない。そうした企業と似た形をとれば、正統性を得られるからでもある。不確実性が高い時代には、正統性を確保することは、特に重要な意味を持つ。そのような圧力がかかるときに起こるのが、**強制的同型化**である。**模倣的同型化**は、成功しているプレイヤーをコピーすることであり、**規範的同型化**は、業界の標準や規範に従うことである。規範的同型化は、早期の模倣者に追随者が加わってい

く、いわゆる**バンドワゴン効果**によって増幅される(*19)。

三種類の同型化が結びついて、強力な模倣の原動力が形成されることも多い。一九世紀にビスマルクが創出した保険制度がヨーロッパ各国に採用された経緯が、まさにその例だ。ビスマルクの保険制度が成功していると認識され、イノベーターであるビスマルクが名声を築いていて、その制度を取り入れれば正統性が与えられるうえ、後発者にとってはビスマルクの保険制度は急速に規範になりつつあったから、ヨーロッパ各国はこの制度を取り入れたのである(*20)。

局所探索の代わりに大域探索を使う

属性ベースの模倣の背景にある考え方は、似ている企業を模倣するのは適切な行為である、というものだ。似ている企業はベンチマーキンググループに入ることが多い。このグループが経営成績を測る尺度になるので、ベンチマーキンググループに入れば、そのまま模倣モデルの候補になる。

生物学者は、一番似ているモデルや一番権威のあるモデルをコピーするのは最善のアプローチではないかもしれないと、警鐘を鳴らしている。地位やコミュニケーション能力が生物学的適応度と相関しているとは限らないからだ。類似の種ばかり見ていると、模倣の対象としては適切なのに目につきにくい他の種を見つける機会を失ってしまう(*21)。ビジネスの場合だと、ベンチマーキングをすると、モデル企業の要素のうち、目を引きやすいが、それほど関連性がないかもしれないものに注意を奪われて、何が経営成績の原動力になっているのかを深く理解

することができなくなってしまう。全体として、企業は**大域探索**よりも**局所探索**をする傾向が見られるが、ベンチマーキングもその傾向の一環である。局所探索は、同じ業界、同じ製品カテゴリー、同じ国情にある他の企業に焦点を合わせる。裏返せば、「遠い時代、遠い場所、失敗例」は見過ごされているのである（＊22）。

また、企業は最近の出来事に目を向ける傾向もある。これは最近の事例は関連性が一番高いと考えられているからであり、銀行、ホテル、病院、介護福祉施設によく見受けられる。局所探索は、モデルと模倣者が脈絡を共有していて、調節や作り込みが少なくてすむように見えるため、大域探索よりも直感的になる。さらに、自分によく似た相手を探すので、大域探索よりも大きな正統性を獲得しやすい。ところが、その特徴が大きなハンディになりかねない。いくつものイノベーションが、それが属する業界や国、地域から遠く離れたところで萌芽しているからだ（＊23）。

意外なお手本を見つけ出す

ザ・リミテッドのウェクスナーは、一九七〇年代に航空チケットの発券からクレジットカード処理技術を拝借したという。現在では、同社はエスティ ローダーからP&Gまで、幅広い企業にアイディアを求めている（＊24）。そのP&Gも、自動車業界や航空機業界を調べ、仮想計算システムの運用に活かしていると、P&Gのクロイドは語る（＊25）。アメリカの玩具メーカー、オハイオアートのウィリアム・キルガロンの話では、同社は自動車産業から素材や新商

品のアイディアを取り入れているという（＊26）。ペプシコのノウェルは、フリトレーの配送業務は、フェデラルエクスプレスの物流システムからヒントを得ていると明かす（＊27）。カーディナル・ヘルスのR・ケリー・クラークも、食品流通会社を調査して、医薬医療品事業に応用できるアイディアを探っていると、詳しく話してくれた（＊28）。

この手法は一般的になっている。ホテルはロイヤルティープログラムを航空会社からコピーしている。銀行はプラットフォームを標準化する製造業の手法を採用している。病院は航空会社、鉄道会社、アメリカ海軍の安全管理体制を真似ている。WHO（世界保健機関）は航空業界のアイディアを借りて、感染を制御するための指針を作っている。スカイバス航空のビル・ディフェンダーファーは、航空会社と金融サービス会社はどちらもインターネット経由で標準化された大量の取引を処理しているため、お互いを真似るべきだと提案する。バテル記念研究所のコートは、模倣する見込みが大きな会社として、ベンチャーキャピタルを挙げる。歴史にもブランドにも縛られず、実際的な解決策を模索しているからだ（＊29）。

それでも、自分が身を置く業界の枠を超えてアイディアを広く探索している企業のリーダーでさえ、体系的な手法はとられていないことを認めている。コンサルティング会社のアクセンチュアは、同社の顧客イノベーションネットワークを社内の模倣のプロセスに組み込むことを提案する。このネットワークを活用すれば、模倣すべき役割モデル（行動規範となるお手本）を見つけることができるようになるが、このやり方が役に立つかどうかは未知数だ。本章の後半で述べる脈絡の理解が大きな問題になってくる（＊30）。

過去二〇年間、サウスウエスト航空は「型破りな地域航空会社」と考えられていた。アメリカン航空が同社のハブ空港であるサンノゼ空港でサウスウエスト航空に取って代わられ、サウスウエスト航空が競合航空会社のレーダースクリーンに姿を現したときには、サウスウエスト航空はすでに大手航空会社や新興の格安航空会社から身を守れるだけの規模と資源を備えていた(＊31)。ウォルマートもそうだった。Kマート創業者のハリー・カニンガムは、アーカンソー州ベントンビルから来た僻地にある小さな会社の経営者に、自ら喜んで自分の知識を伝えている(＊32)。

この話から得られる教訓は、今日は無名のプレイヤーが明日には勝者になるかもしれないし、今日の成功者が明日にはつまずくかもしれない、ということだ。ベストセラー『エクセレント・カンパニー』で取り上げられたモデル企業がまさにそうだった。この本が出版されてから数年で、モデル企業の業績は同業他社を下回るようになった。高業績企業に焦点を合わせると、バテル記念研究所のコートとフィッシャーの言う「クラス最低」企業を模倣者が参照しなくなるおそれがある(＊33)。フィフスサード銀行のシャックルフォードによれば、経営幹部が失敗例に目を向けたとしても、成功例のときのように真剣に向き合うことはなく、「これはウチには当てはまらない」と、失敗例を遠ざけてしまうという(＊34)。

しかし、失敗例は大きな学習機会になる。謙虚になることの大切さを教えてくれるだけではない。真の模倣を達成するのに決定的に重要な因果関係も明らかになる。スティーブ・ジョブズも失敗例に学んでいた。「私は（アップルのCEOに復帰してからの）一〇年間に一度だけコン

サルタントを雇っている。コンサルタントを雇ったのは、ゲートウェイの小売り戦略を分析させて、彼らが（直営小売店を立ち上げたときに）犯した間違いを繰り返さないようにするためだ」と、ジョブズは語っている（＊35）。倒産した会社はもう存在しないので調査をすることはできないが、「企業検死」をすることはできる。公開情報が使えるし、デリケートな情報を漏らしてもとがめられなくなった元幹部たちに話を聞くこともできる。破綻寸前の会社は特に貴重である。会社がまだ存在しているし、トラウマの記憶が生々しく残っているはずだからだ。失敗例を参照することは、成功している企業にとって重要な意味を持つ。成功すると、アイディアを探索しなくなり、画一的で、単純きわまりない視野に陥ってしまいがちである（＊36）。

すぐに頭に思い浮かぶものを追っていると、規模の小さなプレイヤーを見落とすことにもなる。規模の小さなプレイヤーは平均的に見て革新性がとても高いことが、実例から明らかになっている。フィフスサード銀行のシャックルフォードは、小さな会社がモデルにされるのは、その会社が急成長しているときだけであり、それも模倣の対象としてというよりも、買収の対象として選ばれると指摘する（＊37）。問題は、規制環境、資本、評価、統合上の課題など、さまざまな理由から、買収が実行可能な選択肢にならない場合があることだ。

そして最後に、模倣者だけでなく、イノベーターも参照することは重要である。イノベーターを研究すると、迅速な二番手として市場参入したり、後発者として差別化を図ったりするのに役立つ。模倣者も参照して、模倣を阻む要因を乗り越えるなどした経験からも学ぶべきである。韓国の半導体メーカーは日本企業を模倣し、その日本企業は過去にアメリカ企業を参照

している。サムスンのイ・ビョンチョル会長が東芝をターゲットに設定したのは、東芝が「製品セグメントのターゲットを明確にして、製造プロセスに積極的に投資すれば、後発組でも成功できることを実証した」からだ（＊38）。

情報を探索し、標定し、選択する――正確に狙いを定める

イノベーションを起こすための環境を綿密にチェックし、詳しく調べることは、商業的な成功を収めるための必要条件である。九〇〇〇人規模の研究開発部隊を擁するP&Gは、自社のオープンイノベーション・ネットワークを活用して、一年間に一五〇万人分のアイディアを利用している。事業部門を横断する五〇人の社員がテクノロジー起業家となり、科学会議やサプライヤーネットワークを探索して、アイディアを発掘する。P&Gのクロイドが認めるように、「良いアイディアがたくさんありすぎる」ため、幅広いネットワークを持っていることと、情報を選択することとは、別の話になる（＊39）。「アイディアがたくさんありすぎる世界では、物事をフィルターにかけること」が必要になると、ザ・リミテッドのウェクスナーは言う。フィフスサード銀行のシャックルフォードも、同様の指摘をする（＊40）。

ところが、このフィルタリングが体系的に行われることはめったにない。しかも、「製品やモデルを探すツールも手順もない」ために、探索が望みどおりの結果をもたらす可能性はほとんどないと、カラーロのブリエンズは言う（＊41）。

体系的に探索する

以前、『ウォールストリート・ジャーナル』紙に『タッパーウェア・アンシールド』という書籍の書評が載った。書評の見出しは「フタを開けると、そこには新鮮な販売のアイディアが詰まっている」というものだったが、その本に書かれているアイディアは、新鮮でも何でもない。ブラウニー・ワイズという進取の精神に富んだ女性が、掃除用品の販売会社でホームパーティー商法のパイオニアでもあるスタンレー・ホーム・プロダクツで働いていたときに、タッパーウェアをホームパーティーで売るという手法を思いつく。ワイズは、タッパーウェアのことを偶然知ったスタンレー時代の部下の一人から、こんな良いものがあると教わっていた(*42)。優れた模倣者は、良いアイディアがあると誰かに教えてもらったり、良いアイディアに運良くめぐり合ったりするまで待つことはない。研究結果が証明しているように、模倣を成功させるには諜報活動が不可欠だということを知っているのだ。個人的なつながりも使って、アイディアの探索網を張りめぐらす。ハンバーガーチェーンのホワイト・キャッスルに大挙して押し寄せて、店舗のデザインから運営手順まで、同社のノウハウをすべて記録していった模倣者たちのように、優れた模倣者は、環境を入念に調べ上げて、情報を収集する能力を開発しているのである(*43)。

優れた模倣者はまた、模倣するモデルをとことん研究する。サム・ウォルトンは、一九六二年にウォルマートを創業する前に、コーベッツなどのディスカウントストアを見に行き、スパルタンストアーズ、ザイヤー、マンモス・マートのトップなど、ディスカウントチェーンの幹

部に会っている。ソル・プライスが創業したフェドマートに偵察に行ったときには、マイクロカセットレコーダーを持ち込み、事細かにメモをとった(＊44)。数年後、ウォルトンはKマートのすべての店舗を視察し、当時は優れたモデルだったものから学んだ。「Kマートにはよく行ったものだ。あそこは実験室だったし、私たちの店よりも優れていた。たっぷりと長い時間をかけて店の中を歩き回り、店の人と話して、店がどうやって運営されているか突き止めようとした」とウォルトンは語っている(＊45)。

二〇〇二年、韓国Eマートのチョン・ヨンジン上級副社長は、マーチャンダイザーとバイヤーを連れて、海外視察に出かけた。ベントンビルではウォルマートの店舗を二日間かけて調べ、在庫補充の時間などを詳しく記録した。Eマートは調査結果を合理的に検討した。そして、アメリカ、日本、ヨーロッパからいくつかの要素を取捨選択して採用し、韓国版ディスカウントストアを作り上げた。

体系的な探索が一番しやすいのは、モデルがよく知られていて、数が少ないところである。後発医薬品世界最大手のテバファーマスティカルは、一三五人の弁護士チームを作って、特許の弱点を調べさせている。特許に弱点が見つかれば、後発医薬品を作る機会が開かれるかもしれないからだ(＊46)。成果をあげている模倣者は、アイディアの収集と普及をルーティンにしている。ルーティンを反復すると、精度と信頼性が高まる。工作機械や航空機の機体のように、製品設計が複雑で、データサイズが大きく、高コストな業界では、それは骨の折れる作業である。しかし、そうする価値はある。視覚に関する研究から、観察するだけで模倣が誘発される

ときがあるものの、観察と実行を反復すると、再生産エラーが大幅に減り、技術の普及や吸収にかかるコストを減らせることがわかっている。普及や吸収にかかるコストは、技術移転費用の二〇％を占める（*47）。

部外者は模倣機会について知ることは少ない。そのため、モデルとなる組織にいる人が最大の情報源になると考えがちである。ところが、情報提供者に頼れば、相応のリスクを抱え込むことになる。上級幹部はモデルを理想化しているかもしれないし、現場のことをまったく知らないかもしれない。したがって、ウォルトンのように現場の最前線に立っている人に話を聞いて、情報提供者の情報以外のデータも集めるべきである。この戦略には情報が他の潜在的な模倣者に漏れるリスクがあるため、情報収集活動は信頼できる社員だけに任せることも重要なポイントになってくる。大事なことがもう一つある。たとえ体系的な探索を行っていても、起業家精神を忘れてはならない。ザ・リミテッドのウェクスナーは、毎年一カ月休みをとって、世界中を旅して回る。行った先々で、自分の会社に取り入れる価値がありそうなものを一つひとつカメラに収め、メモをとるのである。

標定と選択

標定は、多種多様な模倣候補の中から、非常に有望なターゲットを見極める能力である。効果的に標定するには、有望な要素を、受容側の自社のシステムにどう適合させるかをシミュレーションする動的なプロセスが必要になる。そのプロセスを実行するには、会社のビジョン

を熟知していて、何よりも好奇心が強い人材が不可欠だ。

カーディナル・ヘルスのクラークの話では、標定をする人は技術に精通している必要があるという。そうでなければ、心理的距離のあるモデルに埋め込まれている模倣機会をすくい上げることはできない(*48)。さらに、**フォワードエンジニアリング**ができなければいけない。リバースエンジニアリングでは、製品やサービスが組み立てられているオリジナルのプロセスを再構築するが、フォワードエンジニアリングも、それとまったく同じように、模倣したものが既存の、あるいは将来の製品やプロセス、モデルにどう適合するかをイメージする能力が必要になる。

業界の枠を超えてこの作業をするとなると、ことさら難しい仕事になる。別の業界のターゲット候補を理解する知識を持っている社員はほとんどいない。しかし、やってみるだけの価値はあるだろう。たとえば、シャーウィン・ウィリアムズは、配色やスタイルのセンスを養うために、アパレル業界やラルフ・ローレン、マーサ・スチュアートなどのデザイナーの動向をチェックしている。カーディナル・ヘルスは、ファッションブランドのリズ・クレイボーンと人事交流し、模倣する価値がある慣行をお互いに見つけ出す場を作っている。P&Gもグーグルと人事交流し、P&Gはオンラインの世界について学び、グーグルは消費者を引きつける商品特性について学んでいる。

対象の脈絡を理解し、自らに適用する——模倣を脈絡に落とし込む

脈絡を理解して自らに適応するには、模倣の機会を孤立している原子として捉えるのではなく、複雑なシステムの中で相互に関係し合っているパーツとして見る必要がある。模倣の機会は複雑なシステムの中に埋め込まれている。どのような模倣の形態をとるか、それがどのような結果を生み出すかは、その複雑なシステムの脈絡の中で理解され、判断されなければならない。カラーロ幹部のブリエンズは、「製品やサービスの脈絡を理解せずに模倣しても、うまくいかない」と指摘する。モデルと模倣者が置かれている環境の特性はそれぞれ異なり、カギとなる要素を調整する必要があるのに、その点が考慮されていないからだ(＊49)。ある言語の文字システムを移植して借り手の側の言語に適応させたときには、借り手の側に存在しない音を表す文字はなくなっているし、日本とインドがイギリスの郵便制度を模倣したときには、女性を支局長に任命するなど、自国の社会秩序に合わない慣行は省かれている(＊50)。

環境の違いを認識することは、とても大切である。アメリカの全国ラジオネットワークがローカルラジオ局の模倣に失敗した最大の理由は、地元のことを知らなければ番組編成ができないということにあった(＊51)。スカイバス航空のディフェンダーファーは、ライアンエアーが運航しているヨーロッパ市場は、アメリカと違って人口密度が高いということを、スカイバスの支援者は理解していなかったと語る。オハイオ州コロンバスのような中西部の小さな都市の乗客は、ニューヨーカーと違って、ジェットブルー・モデルのサービスに対して割増料金を支

払おうとはしないこともわかっていなかった。

いずれの例も、脈絡を考えていなかったことが模倣に失敗した主な原因である。成功している模倣者でさえ、本質を見誤ることがある。ウォルマートのウォルトンはブラジルからハイパーマーケットのアイディアを取り入れたが、ハイパーマーケットがヨーロッパや南アメリカで成功したのは、アメリカ式のスーパーマーケットや倉庫型小売店がないからだということに気づいていなかった（＊52）。

脈絡を理解し、自らに適用する能力を高めるには、環境の**外部性**とか**特異性**とかいった戦略用語を捨て去らなければいけない。こういう言葉を使うと、環境要因は机上の空論になってしまう。その代わりに、地域や業界、企業がどのような状況に置かれているのかを個別具体的に考えるのである。そうすれば、模倣のターゲットがどのようなものか、自社のシステムに適合できるかどうかについて、内容を持った意味のある検証ができるようになる。最近のビジネス教育プログラムは、脈絡を考えることをほとんど教えない（大学では応用レベルの国際ビジネス教育プログラムが減っている）。それを補うために、過去の模倣から教訓を引き出すときには、自分で脈絡を見出せるように、社員を訓練しなければいけない。経営陣は、過去の事例に基づいて分析をして抽象的なモデルを作り出し、複雑な世界を極端に単純化するようなことをしてはならない。環境の複雑さを理解する方法を身につけるとともに、対応づけの問題を解決する分析のスキルを磨くべきである。

対象に深く潜り込む――物事の表面の下にあるものを探り出す

カール・コートは、バテル記念研究所社長兼CEOに就任する前に在籍していたコダックで、中国進出を成功させている。コートの話によると、中国側のパートナーは、豪雪地帯にあって巨大な屋根がついているコダックのロチェスター工場のレプリカを、気候が温暖な厦門に建設することを要望したという。これは極端な例のように聞こえるが、このやり方は、丸ごとのコピーをすることで情報の過負荷を減らす、魅力的な方法なのである。複雑だが、系統立てられているシステムの場合は、このアプローチは理にかなうだろう。半導体メーカーが自社工場を完全コピーするのがその例だ。生産プロセスに寸分の狂いも生じないように、万全を期して、壁の塗装までまったく同じものにするのである。しかし、この戦術が他のところで通用することはめったにない。複雑なビジネスモデルが関係してくるとなればなおさらだ。

ザ・リミテッドのウェクスナーも、人間には複雑な問題に簡単で表面的な答えを出したがる傾向があることを認める。優れた模倣者は、物事の複雑さを十分に認識しているという。弱い模倣者には、それがない(*53)。

スカイバス航空の出資者は、サウスウエスト航空とライアンエアーという、それぞれ単独で機能している二つのモデルを合体させることを求めたと、ディフェンダーファーは振り返る。しかし、この組合せは、「上質なサービスと徹底したコスト削減」といったような矛盾を抱えていた。航空業界のベテランやアナリストは、サウスウエスト航空が二都市間を高密度で結ぶ

市場を支配しているのを見て、同社のポイント・トゥ・ポイント・モデルが成り立っているのもそうした市場があってこそだと考えた。そもそもサウスウエスト航空の低運賃体系が高密度運航を可能にした要因であるということ、同社の生産性が高いために短距離路線で採算がとれているのだということをわかっていなかったのである(＊54)。このサウスウエスト・モデルの分析は単純化されすぎていて、相関関係と因果関係を取り違えていた。コンチネンタル航空のある幹部は次のように回想する。「サウスウエスト航空の過去一〇年間のデータを使って回帰分析した。私たちがxをすればyを得られると考え、運賃をこれくらい下げれば、これだけの輸送量を確保できると判断した。しかし、就航する二都市間に潜在的な輸送需要がどれだけあるかという点は計算に入れなかった」(＊55)

因果関係を解読する

結果を生み出した手段やプロセスを理解しないで、その結果だけを見ていると、「目に見える生存者を盲目的に模倣することになり、成功するための因果関係の理論を入念に組み立てる努力をしなくなる」と、経営学者のジェイ・キムとアン・マイナーは指摘する(＊56)。手段やプロセスを理解するのは簡単なことではない。その一つの例を、シャーウィン・ウィリアムズのクリス・コナーが語っている。同社は小さなライバル会社のパーディーが作ったペンキ用の刷毛を模倣しようとして失敗し、その後、何十年間も模倣を試みたものの徒労に終わったため、結局、パーディーを買収することになったという。

対象に深く潜り込むには、原因と結果を精緻に分析できるようにする能力、文化、ルーティンを構築しなければならない。目的志向の模倣に関する認知理論によれば、複雑なモデルを解読するには、**分解**が必要になるという。分解とは、ある行為をそれを構成する側面に切り分けて、重要な目標の側面を選び出し、目標と手段の階層的順序を決めることである。分解は**行動解析**を通じて行われる。行動解析は、活動を構成要素に分けて、論理的な脈絡に基づいて各要素の性質を把握したり、必要な要素を選択したり、他の要素に代えたりすることである。

行動解析をしたとしても、それが要素同士の関係を無視することにつながれば、逆効果になってしまいかねない。そうならないためには、**アーキテクチャー知識**も必要になってくる。アーキテクチャー知識とは、要素間の相互作用効果を含めて、さまざまな構成要素をシステム全体に適合させるために必要な知識である。アーキテクチャー知識を開発するには、個々の構成要素がシステム全体の中でどのような役割を果たしているか検討し、優先順位を考えて、どの要素がカギになるかを特定することが求められる。これはとても大変な作業だが、さまざまな要素を融合させるものでもある。このプロセスこそが科学的なイノベーションにつながると考えられているほどだ(*57)。ビジネスの場合は、経験例が少ししかない「小さな歴史」を相手にすることになるので、特に困難な仕事になる(*58)。

模倣を実践する——実行に移す

経済学者は、シュンペーターに倣って、発明とイノベーションを区別している。発明はそれが実践されて初めてインパクトを持つようになるからだ。ゼロックスがその例である。同社のPARCはコンピューターグラフィックインターフェース、マウス、PDA（携帯情報端末）を生み出したが、一連の発明はゼロックスには利益をもたらさず、他の企業が手に入れた。ウォルマートのウォルトンは借用したアイディアやその変種を自分の店で根気強く試して、うまくいくようにした。Eマートのチョン・ヨンジンもそうだった。

フィフスサード銀行のシャックルフォードは、実行する能力こそが多くの意味で模倣のカギを握っていると指摘する。シャックルフォードの話では、ヨーロッパのアパレルメーカー、ザラは、最新のファッショントレンドやデザインをコピーしているが、他の誰もがそうしている。ザラの優位は、新商品を市場に投入する速さにある。他の誰もが何カ月もかかるところを、ザラは四週間でやってのける（＊59）。模倣を成功させるには、モデルの行動を理解する能力と、そうした行動を複製する能力の二つが必要になる。インドネシアの銀行が模倣機会をうまく活かせなかったのは、それに対応するルーティンが準備されていなかったなど、模倣を実践する計画ができていなかったからだった（＊60）。

実践計画を立てるときには、配置する資源や再配置する資源など、模倣する側の組織の能力を考慮に入れなければならない。コンチネンタル航空がコンチネンタル・ライトの運航を開始したときには、航空機六〇機を急いでコンチネンタル本体から移したため、空港で予備部品が使えなくなり、欠航が発生してしまった（＊61）。実践するということは、最後までやり抜くこと

でもある。ウォルトンは借りたアイディアを何年もかけて洗練させたし、マイクロソフトは、自社ブラウザのインターネットエクスプローラーがオリジナルのネットスケープとの覇権争いを制するまでに四つの製品をリリースしている。

他の模倣のプロセスと同じく、実践の段階でも、業際的なチーム作りをすると、さまざまな視点が持ち込まれて、プラスの効果が生まれる。Kマートの上級幹部は全員、店長出身で、みな同じバックグラウンドを持っていたが、ウォルマートでは、ウォルトンが国中を探し回って、物流から通信まで、さまざまな領域のエキスパートを見つけてきた(*62)。現代ではこの手法はなくてはならないものになっている。複雑さが増していることに加えて、モデルはもちろん、製品についても、複数の分野の専門知識が求められるようになっているからだ。P&Gは化粧品ブランドのオイルオブオレイ製品を改良するにあたって、洗顔料に必要な界面活性剤に関する知識があるスキンケア部門のスタッフと、基質に関する知識があるティッシュ・タオル部門のスタッフでチームを組んでいる(*63)。

業際的なチームを作ると、後発医薬品革命のようなパラダイムシフトに順応できる可能性も高くなる。プロローグ・リサーチ・インターナショナルのトム・ルドラム・ジュニアによれば、後発医薬品革命が起きて、製造コストと製造量が収益性を押し上げる大きな原動力になったが、後発医薬品メーカーが成功するために必要な「低コストで、リーンで、攻撃的」という特性は、医薬品メーカーを象徴するものとは真逆だった。医薬品メーカーは「知的で、革新的」だったのである(*64)。後発医薬品の世界最大手であるテバファーマスティカルのCEOシ

ユロモ・ヤナイは、最近のインタビューで、イノベーター企業が後発医薬品市場への参入を決めたことを気にしていないと語り、その理由を次のように説明している。「ペルシャ猫を連れてきて、ノラ猫になるように仕込むのは無理だ」(＊65)

本章で論じた六つの能力は、お互いに結びついていて、補完し合う関係にある。模倣対象を参照する能力がなければ、模倣は始まらないし、探索もうまくいかなくなる。情報を詳しく調べて、探索して、選択する能力がなければ、対象の脈絡を読み取れなくなってしまう。そして、脈絡を理解する能力がなければ、深く潜り込むことがうまくできなくなり、ひいては模倣を実践できなくなる。

このプロセスを杓子定規なものにしてはならない。模倣に対しては、体系的でありながら、創造的なアプローチをとる必要がある。模倣のプロセスは、とても大変な作業であり、さまざまな要素を融合させるものであり、循環する輪のようなものである。それを忘れてはいけない。たとえば、潜在的なアイディアを標定しようとしたら、競合他社にすでに採用されていないか、もっと良い改良品が発売されていないかといった問題を確認するために、探索する情報の量が増えるので、調べ上げる情報の量もたいてい増える。実践の初期の段階で問題が発生したら、対象に深く潜り込む作業に戻って、何が間違っていたのかを突き止めることが必要になってくるかもしれない。これがイノベーションのことのように聞こえるとしたら、そのとおりである。前にも述べたように、イノベーションと模倣には共通点がたくさんある。競争優位を築けるかどうかは、この二つをうまく組み合わせることができるかどうかによって決まる。

第5章のまとめ

①模倣能力を開発することはできる。模倣の取組みを成功させるには、模倣能力を整えることが不可欠である。

②模倣能力とは、模倣の心構えを万全とする能力、模倣対象を参照する能力、情報を探索し、標定し、選択する能力、対象の脈絡を理解し、自らに適用する能力、対象に深く潜り込む能力、模倣を実践する能力のことである。

③模倣のプロセスは、体系的でありながら、さまざまな要素を融合させる創造的なものでなければいけない。

Imitation Strategies

第6章 模倣という戦略

会社はそのような構造にはなっていない……イノベーションのプロセスは確立されているが、模倣のプロセスは存在しない。

――ライオネル・L・ノウェル（元ペプシコ・シニアバイスプレジデント兼トレジャラー）

今から半世紀近く前、セオドア・レビットは模倣戦略を構築する必要があると論じた。イノベーションのスピードが加速しているため、今すぐ模倣戦略を立てて実践する必要性が高まっていると、レビットは看破している。ところが、レビットが調査したところ、経営基盤がしっかりした企業はイノベーションには細心の注意を払うが、模倣となると、「計画されてもいなければ、重要視されてもいない」ばかりか、「まぐれ当たりであったり、偶然であったり、受け身だったりして…（中略）…競合他社が行ったことへのほとんど無計画な反応」として実施されていた。きちんとした模倣戦略を持っている企業は一つもなかった（*1）。

その二〇年後、一二九の領域を対象に、他社のプロセスや製品を複製する能力を有する企業

がどれくらいあるかが調査された。その結果、そうした能力を持つ企業の中央値は六～一〇社であり、メジャーなプロセスや製品についての模倣となると、これが三～五社に下がることがわかった(*2)。ビジネスモデルを模倣するなど、課題がもっと複雑で、経営幹部が本格的な模倣戦略を取り入れることに懐疑的だったら、この数字はさらに下がっていたことは間違いない。

私が行った観察やインタビュー調査から、全般的に見て、模倣戦略は今も構築されていないことが確認されている。私が話を聞いた経営幹部の多くは、模倣をしていることさえ認めようとしなかった。それを認めた勇気ある人ですら、模倣を戦略的に実践するどころか、体系的に取り組んでさえいないと告白した。企業が模倣を選択するときは、イノベーションの取組みに失敗してしかたなくそうするのであって、考え抜かれた戦略として実行されているわけではないと、ペプシコ元幹部のライオネル・L・ノウェルは語る(*3)。

模倣に成功した企業は、先駆者の失策をうまく利用するという幸運に恵まれてそうなったように見える。ディズニーがその例だ。ディズニーが成功したのは、「パイオニアや早期参入者を市場から追い出した」からではなく、「パイオニアや早期参入者が自滅したも同然だった」からである(*4)。このような状況は今も続いている。模倣の失敗は何度も繰り返されているし、競争は激化している。生物学者や認知科学者の間で、模倣は高度で、貴重で、希少な能力だと認識されるようにもなっている。そう考えると、これは驚くべきことだ。

模倣を戦略的に実行することはできるのか

マイケル・ポーターによれば、「戦略とは、独自の活動の上に構築され」、「意図的に他社とは異なる活動を選び、独自の価値を提供するものである」(*5)。模倣は一見すると、この原則に反している。模倣とは文字どおり、他の誰かから借りることを意味するからだ。しかし、模倣は派生型や結合構造の中で独自の活動の一部になることができるし、独自の価値を提供する可能性を秘めている。イノベーションと組み合わさるときは特にそうだ。しかし、模倣だけでも独自の価値を提供できるときがある。「独自」というと、「どの空間で独自なのか」「どの形態で独自なのか」という疑問もわいてくる。模倣は、既存の製品やプロセス、モデルのレプリカでありながら、製品市場や地域にとっては新しいものである場合もあれば、十分に差別化されて重要なバリュードライバーが形成されている派生型ということもある。

外部から移植して適応させたアイディアや慣行、モデルがイノベーションや他の模倣と融合して、他社にはない独自性が生み出されると、その特性は中心的な活動を支えるだけでなく、企業の核となる競争優位を補強するものとなる。ポーターが論じているように、サウスウエスト航空のモデルを、その複雑に絡み合った要素を含めて、正確に複製することは不可能かもしれない。しかし、形式知化された側面をコピーしてオリジナルを凌駕する「ライアンエアー型模倣」や、オリジナルとその派生型であるジェットブルー航空を真似る「イージージェット型模倣」をすることとは、儲かるとは言わないまでも、可能である。アップルやウォルマートのよ

うに、他社から借りて移植した要素を自社が強みを持つ分野と結合させて、競争優位を築くアセンブリーイミテーションをすることもできる。

本章では、模倣戦略を策定し、展開し、実施するための青写真を提示する。まず、戦略上の大きなジレンマを五つの問いに集約して、実行しやすいフレームワークを構築していく。戦略上の五つの問いとは、「**どこを模倣するか**」（どの業界や領域から模倣の対象を選び出すか）、「**何を模倣するか**」（何を模倣の対象にするか、製品か、プロセスか、ビジネスモデル全体か）、「誰を模倣するか」（モデルの背後にある本質をどう見抜くか）、「**どのように模倣するか**」（どのような模倣の形態やプロセスをとるか、たとえば、大まかなロードマップを作るのか、青写真の詳細まで描き出すのか）、「**いつ模倣するか**」（模倣するタイミングをどう決めるか）である。次に、この五つの問いに対する答えをもとに、対応づけの問題を解決して、原型モデルとコピーの間にある溝を埋めなければならない。そして最後に、模倣のコスト、メリット、期待リターンを評価して、模倣を実行するとどのような価値が生まれるのかを明確にする必要がある。

どこを模倣するか

模倣の機会はどこにでもある。しかし、模倣が特にしやすい分野というものもある。ピーター・ドラッカーが述べているように、ハイテク分野は模倣戦略が最も有効に働く。この分野の企業は技術志向であり、市場志向であることはほとんどないからである。機敏な模倣者はそ

の弱点を突き、市場の要求に応じて、割安なクローン機や差別化された製品を作り上げる（＊6）。

軽工業や消費者向け製品の分野も、模倣の機会が大きく開かれている。プライベートブランド（ＰＢ）が定着している領域は特にそうだ。これに対し、化学などの産業は模倣者が入り込むのが難しい。化学業界は、法的な保護が確立されており、資本・知識集約型産業であり、規制も厳しい。医薬品業界も化学業界と同じような制約があるため、こうした障壁を乗り越えるだけのインフラを備えた者しか、模倣することができない。

傾向として模倣がしやすいのは、法的保護が強くない領域や、補完的資源がイノベーターを保護する役割を果たさない領域である（＊7）。しかし、忘れられがちだが、模倣者もイノベーターと同じように補完的資源を活用できるのである。ホンダとトヨタ自動車がその例だ。両社は自社の金融資源、評判、柔軟な生産体制を武器に、ゼネラルモーターズ（ＧＭ）とフォード・モーターをミニバン市場から追い出している。

製品やサービスについては、コモディティ化したものが模倣の格好の対象になる。パソコンやＤＶＤプレイヤー、あるいは銀行の基本的なサービスなどがそうである。洗濯用洗剤のような消費者向け製品ブランドも、模倣するのは難しくない。Ｐ＆Ｇは最近、製品構成を拡大し、機能性よりも価格を優先する消費者に向けた製品を投入しているが、これは逆に、ナショナルブランドの領域にＰＢを侵入させる手助けをすることにもなりかねない。同じことはオンラインバンキングのように削ぎ落とされたサービスにも言える。この分野でも、参入した大手銀行のブランドイメージが低下して、そこを利用されてしまっている。これに対し、ＩＴプロバ

イダーの請求システムのような複雑なサービスは、システムがモジュール化されるか、強力なプレイヤーと提携でもしない限り、模倣するのはかなり難しい。プロセスについては法的な保護がさらに弱くなるので、秘密性が保持されている場合を除いて、新しい製法から、独自の流通手法まで、解読できるプロセスならほとんど何でも模倣できる。

ビジネスモデルは法的な保護が一番弱い。うまくいくことが証明されているシステムを複製できる機会であることから、模倣のターゲットとしては最も有望であることが多い。ところが、これまでに見てきたように、モデル全体をコピーするのは一番難しいことでもある。対応づけの問題を解決するには、「企業版ミラーニューロン」が必要になるからだ。それでも模倣の機会はあふれている。イノベーターが解決策を提供する立場にあり、能力に劣る模倣者の参入を阻んでいるときでさえ、模倣者は、自社開発か提携かによって包括的な解決策を提供する力を身につけ、低価格を武器に市場に進出し、勝利することができる。そして、ビジネスモデルの模倣には脈絡という問題が常につきまとうが、移植のように、模倣のアプローチによっては、環境の諸条件をうまく活かして、オリジナルをしのぐ価値を生み出せることがある。

手短に言えば、どんなものでも模倣できるが、他よりも模倣しやすいものがある、ということである。どれくらい模倣しやすそうかを評価するのは大切だが、これは一つ目のステップにすぎない。その先のプロセスを進んでいくと、オリジナルとコピーの要素同士をどう対応づけるか、模倣から価値を引き出すことができるかという問いに行き着く。こうした問いに答えを出せなければ（こうした問いを立てないというのは論外だ）、模倣は成り行き任せの危険な試みに

なってしまう。そうした危険はどんな事業活動にも潜んでいるが、模倣の場合は、見せかけの快適さにだまされて本質を見誤りやすいため、リスクが顕在化しやすい。

何を模倣するか

「何を模倣し、どこを模倣するかを理解すること」は大きな意味を持つと、バテル記念研究所のカール・コートは言う(*8)。残念ながら、この問いかけがまったくなされなければ、何をイノベートするか、どこをイノベートするかを決めた後に残ったものという形で、何を模倣し、どこを模倣するかが自動的に決まってしまいやすい。言い換えれば、イノベーションを起こすことを選ばなかったところで模倣することを選ぶのである。パソコン市場の後発者であるデルは、「技術標準を確立するには遅すぎたし、ディーラー網はすでにできていた」うえ、コンパックが「すでに小売りで非常に強力な基盤を築いていた」ため、マーケティングと流通では革新的な取組みに投資する必要があると判断し、それ以外は必然的にすべて模倣することになった(*9)。

しかし、何を模倣するかをよく考えずに決めてはならない。何を模倣するかは、戦略的な意図、他の投入要素を活用する能力、カギとなる差別化要因を防御できる可能性をもとに決めるべきである。また、モデルの目立った要素をそのまま取り入れるのではなく、自社の状況に合わせて作り替える必要もある。たとえば、幅広い使命を掲げる企業、潜在的な市場規模が大き

い企業、補完的な財やサービスが必要な企業、顧客基盤が大きいほど製品の価値が高まる企業は、グーグル・モデルを参考にして、グーグルのような戦略的な我慢強さを真似るべきだといわれる（*10）。

特に問題があるのは、複数のモデルの特徴的な要素を選択して模倣するケースである。そうしたくなる気持ちはわかるが、ウォルマートのように在庫を管理して、サウスウエスト航空のようにプロセスを簡素化して、アップルのように製品をデザインすること、あるいは、中国の奇瑞《チェリー》汽車が熱望しているように、「日本企業からコスト管理を学び、韓国企業から猛烈さを学び、ドイツ企業から技術を探究する心を学び、アメリカ企業からマーケティング技術を学ぶ」ことが現実的だとはとても言えない（*11）。

模倣する要素を合理的に取捨選択することは、「ベストプラクティス」という一般に広まっている考え方とは相いれないかもしれない。しかし、複数のモデルから必要な要素を選んで取り入れるほうが、自社のシステムにうまく適合できるものだ。そのため、複数のモデルの相補性だけでなく、起こりうる矛盾や衝突についてもよく検討することが最も望ましい。モデルというものは各社の固有の状況や要求の中に埋め込まれているので、根本的な部分で矛盾が生じないようにしなければならない。スカイバス航空は、ライアンエアーのように徹底的にコストを削減しながら、サウスウエスト航空やジェットブルー航空のように優れた顧客サービスを提供しようとして行き詰まった。また、組織が「ここで発明されたものではない（Not Invented Here)」ことを理由にその発明や技術を受け入れようとしない状況を表す「ＮＩＨ症候群」と

いう言葉があるほど、社員は模倣に抵抗感を覚えるし、製品やプロセスが最先端のものではないという批判も出てくる。こうした社内の障壁を取り除くことも忘れてはならない。

そして最後に、一つのターゲットを念頭に置いてスタートしたのに、別のところに着地してしまう模倣者は多い。あるモデルの要素を実現することに固執しすぎると、模倣のターゲットを広げて他の要素を取り入れようとしたり、場合によっては、その要素を抽出したモデルそのものを取り込もうとしたりするようになりかねない。模倣の対象をむやみに広げると、モデルが拠って立つ前提や要素同士の相互関係の徹底検証が不十分になりやすい。コンチネンタル航空が格安航空部門のコンチネンタル・ライトを設立したときがそうだった。一度模倣が始まってしまうと、中止させるのはとても難しいので、模倣する対象をあらかじめ決めておかなければいけない。

従来型の大手航空会社はサウスウエスト航空を模倣しようとしたが、うまくいっていない。コンチネンタル航空のゴードン・ベスーンCEOは、コンチネンタル・ライトを設立したときのことを次のように語っている。「あれはパイロットプロジェクトとして始まったものだった。うまく機能することが証明されてから拡張するべきだったのだが、いったん始動してしまうと、引き返すことはとても難しかった」(＊12)。逆に、モデル全体を模倣することからスタートしたが、社内の抵抗や実行可能性の問題などに直面して、結局、一部の要素だけを取り入れることになる場合もある。そうなると、他の要素と合わない慣行を誤って選んでしまうおそれがある。

ここから得られる教訓は、第一に、何を模倣するかを的確に判断し、自社の状況に合うように作り替えて、ターゲットを明確に示すべきだということである。と同時に、イノベーションを選択した後で残ったところを選ぶのではなく、何を模倣するのかを戦略的に分析して決めなければいけない。第二に、これを模倣するのだということ、さらに、それを誰が、いつ、どのように、そして何といっても、なぜ模倣するのかを、あらかじめ詳細に示し、周知させなければならない。模倣のプロセスの途中で調整を加えるのは可能であり、そうするのはもっともなことかもしれない。しかし、あくまでも意図を持った戦略的なプロセスの一環としてそうするべきだ。私が過去に何度も目にしたように、その調整がだんだんエスカレートしていくようなことがあってはならない。

誰を模倣するか

第5章では、「模倣対象を参照する能力」を取り上げて、誰を模倣するかという問題を論じた。現時点では、すぐに思い浮かぶもの、つまり、大きくて、華やかで、成功している企業を模倣するのがいつも正しいとは限らないということを思い出してもらうだけで十分である。インドのタタ・モーターズのチーフストラテジスト、アラン・ロスリンが言うように、バークシャー・ハサウェイ、三菱自動車、ゼネラル・エレクトリック（GE）といった会社からアイディアを拝借したくなるのはもっともで、タタ・モーターズは実際にそうしたという。しか

し、それは逆効果になりかねない（*13）。

誰を模倣するかという判断には、モデルが置かれている状況、モデルの国の文化や企業文化が密接にかかわってくるだろう。適用範囲の広い製品やプロセスは競争相手がすでにコピーしていて、潜在的なメリットが損なわれているかもしれない。だからこそ、小さい会社、失敗した会社、経営状態が厳しい会社、知る人ぞ知る会社を見つけ出すことに労力をかけ、創造性を捧げるべきである。ウォルマートのサム・ウォルトンは、フェドマートを模倣すべきターゲットとして選び、助言を得ようと創業者のソル・プライスのもとを訪れているが、フェドマートは当時、国家公務員向けという狭い市場セグメントに特化したディスカウントストアで、模倣のターゲットとしての関連性はきわめて薄かった。しかし、この情報収集活動はやがて大きく実を結ぶことになった。ウォルトンは後にこう認めている。「業界の誰からよりも多くのアイディアをソル・プライスから盗んだ。いや、私としては借りたという言葉を使いたい」（*14）

成功した模倣者のモデルを検討することも忘れてはならない。成功している模倣者たちは、どこの、誰の、何を、いつ、どのように模倣するかを適切に判断しており、対応づけの問題をうまく解決し、模倣から価値を引き出している。なかでもアップル、ウォルマート、P&G、ペプシコ、カーディナル・ヘルス、ザラは、同質化を出発点として使い、イノベーションで規模を拡大していくすべを心得ている。しかし、うまく模倣することに何度も失敗している企業の経験から学ぶ必要もある。

そして最後に、内部模倣を忘れてはならない。企業の中の最高の工場は最低の工場よりも生

産性が最大で二倍高くなることが、実際の事例で明らかになっている。社内で模倣するのは良いアイディアなのである（＊15）。バテル記念研究所のアレックス・フィッシャーは、バテルがアメリカ国内で運営している七つの研究所は、お互いに学び、模倣し合っていると指摘している（＊16）。内部模倣は、知識や情報を手に入れやすく、法律面での障壁がなく、対象物や脈絡がよくわかっているので、実行しやすい。内部模倣を経験することは、外部模倣に必要なスキルを獲得する機会にもなる。すべてのスキルを得られるとまではいかなくても、そのうちのいくつかを開発するのに役立つだろう。

要約すると、すぐに頭に思い浮かぶものを寄せ集めるより、地球上のさまざまなところから参照先になりそうな候補を幅広く見つけることから始めるべきである。そのときには、遠く離れた場所や、一見すると関係がなさそうな業種からもターゲット候補を集めるようにする。誰かにあえて反対意見を述べさせて、議論を尽くしてもいいだろう。このプロセスで創造性を発揮すればするほど、他の模倣者が同じモデルを生み出す可能性は低くなるし、知性を発揮すればするほど、間違った選択をする可能性も低くなる。

いつ模倣するか

バテル記念研究所のコートは、「タイミングを意識せずに模倣しても、きっと失敗する」と語る（＊17）。模倣者は、その名のとおり、パイオニアやイノベーターに追随するが、早期に参入

するか、遅れて参入するかを選べることも多い。まれなケースではあるが、オリジナルを追い越すことだってできる。軍隊を天皇直属にした日本の明治政府がその例だ。軍隊を君主直属にするアイディアを先に考え出した国々では、国内の反対などの障害が立ちはだかっていたため、発案国よりも先に日本が実行することになった（*18）。

タイミングに関する戦略上の選択肢は、大きく分けて三つある。パイオニアのすぐ後に続く**ファストセカンド**（迅速な二番手）、強力な差別化要因を使って最初の模倣者の後を追う後発参入者である**カム・フロム・ビハインド**（後発追撃者）、別の時期に、別の国、別の産業、異なる製品市場などの別の領域に最初に参入する**パイオニアインポーター**（先駆的移植者）である。どの戦略にもそれぞれ長所と短所があり、個々の環境が持つさまざまな条件の影響を受ける。戦略を遂行するのに必要な能力もそれぞれ違う。そのため、自社がどんな能力を持っているのか、どんな能力を開発できるのかを理解することが、いつ模倣するかを選択するための必要条件になる（この点は、他の戦略上の判断でも同じである）。

ファストセカンド

レビットが記しているように、「模倣者は、ただ成功したイノベーターに早く追いつくだけでなく、同じように模倣戦略をとろうと時間と競争している他社よりも早く追いつこうとする」（*19）。ファストセカンドは、パイオニアが独占状態を確立する前、そして、他の模倣者（増殖するスピードが速いので「ラビット」と呼ばれることもある）が利益を浸食する前に、パイオ

ニアに続いてすぐに市場に参入する。ファストセカンド戦略は、先行者優位の大部分を、パイオニアよりも低いコスト、パイオニアよりも高い成功確率で獲得することを狙ったものである。この戦略は個体群生態学者が支持している。新しい組織は正当性が得られにくいなど、**新しさの不利益**という問題に直面するため、追随者のほうが生存の可能性が高いのだという。

「他社がいるところに間髪入れずに」参入するファストセカンドは、最も効果的な模倣者であり、差別化が図れないときは特にそう言えると、ペプシコのノウェルは語る。実際に、二番手はパイオニアのシェアを最大で七五％奪えることが、実証研究で確認されている（＊20）。模倣戦略をとろうとしている他社にとって参入障壁が高いままの状態で市場に進出できるときは、この戦略は特に効果的である。後発医薬品メーカーがまさにその例で、一度特許への異議申立てが認められれば、六カ月間の独占期間が与えられる。それ以降の後発の追随者は自社製品がＦＤＡ（アメリカ食品医薬品局）の基準を満たすか、基準を上回っていることを証明しなければならない。

二番手戦略をとるには素早く動く必要があるため、参照、探索、標定、選択から実践までを高いレベルで行う模倣能力が求められる。リバースエンジニアリングをするインフラ、柔軟なオペレーション、社外の知識や資源をつなぐプラットフォームも欠かせない。P&Gの副会長、ＣＦＯ（最高財務責任者）を歴任したクレイトン・Ｃ・デーリーは、ＰＢ市場について、マーケティングと流通は小売企業が担うので、製造能力が成功のカギを握ると語る（＊21）。大企業はたいてい製造能力を持っている。小売業者に対する交渉力などでも優位にある。たとえば、新興

企業が立ち上げたシリアルの新ブランドが生き残るには、市場シェアを最低でも三％確保しなければならないが、大手企業であれば一％ですむ（＊22）。さらに、強力な研究開発能力（特に研究部分）を備えていることも多く、迅速な動きをとりやすい。

規模も能力も劣る小さな企業でも、**時間圧縮**戦術をとれば、ファストセカンド戦略をとることができる。早期参入者と手を組んでいるサプライヤーを動員する、技術移転を受ける、通常のプロセスを飛び越えて一気にその次の段階に進むリープフロッグ型の方法をとる、などがその例である（＊23）。市場モニタリングのスキルをテコにして、既存の製品の欠点を修正し、一番手に勝つという方法もある。

そして最後に、規模の大小を問わず、ファストセカンド戦略をとろうとしている企業は、模倣のスピードが加速して模倣のコストが上昇していることを忘れてはならない。そのため、ファストセカンド戦略をとるメリットを、コストの上昇や後発が価格競争をしかけて参入するリスクなどと比較して考えるべきである。

カム・フロム・ビハインド

カム・フロム・ビハインドは、何らかの理由で、市場への参入の遅延を強いられた後発者である。理由はさまざまで、法的な障壁がある、規制が厳しい、技術的な問題から機能する複製を作ることができない、社内の抵抗が強い、市場が二社以上の強力なプレイヤーに独占されている、といったものが考えられるが、その一方で、市場に参入する時期を慎重に見極めていた

ケースもある。消費者心理が高まるか、新しい製品カテゴリーが受け入れられやすくなったところで自社製品を投入する例がそれにあたる。低価格を武器にした後発参入にもメリットがないわけではない。顧客が製品の質をよくわかっていない場合は特にそうだ。しかし全体としては、品質、価格、外見、ユーザーインターフェースなどの点で差別化してから後発参入するほうがよい。何より、不毛な価格戦争を回避できるのは大きい。

なかには差別化が絶対不可欠なケースもある。後続の後発医薬品がその例だ。後発品は通常、顕著な治療効果が認められない限り処方されない。ところが、この選択はたいてい戦略的なものである。強力なマーケティングスキル、革新的なデザインや性能、製品本位・ユーザー本位の姿勢が、後発者戦略を支えている。規模を拡大し、市場で大きなプレゼンスを獲得することも可能である。ＩＢＭ、モトローラ、ソニー、ベルサウス、アムストラッド、アップル、シャープ、タンディ、カシオがＰＤＡ（携帯情報端末）を発売した一年後に参入したが、アップルを除き、ＰＤＡ市場は、リサーチ・イン・モーション（ＲＩＭ）、パームコンピューティングなど、遅れて新規参入したカム・フロム・ビハインドと、サムスン、ノキアなど、関連領域から進出してきた大手メーカーの手に渡っている（*24）。

多くの新製品市場は、「低成長期→離陸期→成熟期→下降期」というライフサイクルをたどる。パイオニアが市場参入してから六年以上が経って成熟期に入ると、パイオニアのコスト優位は消える（*25）。したがって、後発の模倣者は、製品やサービスであれば、ユーザーのニーズを完璧に把握する十分な時間を与えられるし、ビジネスモデルであれば、システムを支える要

因を深く理解できるようになる。その一例として、サウスウエスト航空はピープル・エキスプレス航空の経験を徹底的に調査している(*26)。

後発企業は、質、評判、デザイン、展開地域の広さなど、重要な領域での大きな強みをテコにして、イノベーターや早期模倣者を一気に追い越すことができる。イノベーターや早期模倣者がやっとの思いで手に入れた優位を奪い、築き上げたリードを負債と埋没費用に変えるのである。ウォルマートがその例だ。同社も抜きん出た財務力と情報資源を武器に、ウェアハウスクラブ［訳注：会員制倉庫型卸売小売り］市場のリーダーシップを、同じようにソル・プライス・モデルをコピーしていた他のライバル会社から奪い取っている。サムスンをはじめとする韓国のチップメーカーは、幅広い製造経験を活かして、半導体工場の建設期間を半分に短縮したことで、パイオニアを一気に追い越し、模倣時間を圧縮した。ホンダとトヨタ自動車は、柔軟な生産体制と質が高いという評判をテコに、ミニバン市場でフォードとGMを追い抜いた(*27)。

カム・フロム・ビハインド戦略には、情報を入念に調べ上げる、有望なターゲットを見極めるといった能力は必要ない。模倣が本格的に始まる頃には、製品やサービス、アイディアが周知のものになっているからだ。しかし、相当な時間が経過した後の遅延模倣となるため、対象の脈絡を理解して、深く潜り込むための能力がことさら必要とされる(*28)。カム・フロム・ビハインド企業は、製品（あるいはプロセスやモデル）、その用途、想定する市場を熟知していなければならない。先発品と後発品の間にどんな変化が生じているか、モニターして分析する必要もある。発祥地の強みなど、補完的な優位性も活かさなければならない。

この戦略をとるなら、強力な実践能力も必要になる。模倣する側の企業が参入しようとしている市場には、パイオニアやイノベーターだけでなく、たいていは模倣者もひしめいている。ディズニーが後発参入に成功したのは、質の高い作品を提供するアニメ会社というポジショニングをとったことに加えて、資源を積極的に模倣に投入しようとしたし、それが可能だったからである(＊29)。これに対し、大手航空会社は模倣への投資を渋り、評判や航空業界での経験といった補完的資源をうまく活用できなかった。

このように、カム・フロム・ビハインド戦略をとる場合には、自社の製品、サービス、ビジネスモデルに大量の資源を投入して支える必要がある。そうだとすると、RIMのような新興企業にとっては負担が大きすぎる。しかし、製品、特にユーザーインターフェースを第一に考える姿勢を貫けば、たいてい資源不足を補える。どちらにしても後発者は、自分たちはイノベーターよりも高い価値があるものを提供しているのだということを顧客(あるいは事業の支援者)に納得させるか、あるいは購入の障壁(一般的には価格だが、いつもそうであるとは限らない)を下げて新しい顧客を呼び込むという課題に向き合うことになる。この戦略を選ぶのであれば、自ら証明していくほかない。

パイオニアインポーター

パイオニアインポーターとは、オリジナルとは別の地域や製品市場において、一番手として、自らの地位を確立する後発参入者のことである。これは一言で言えば、市場間の不均衡を

利用するアービトラージ（裁定取引）戦略だ。ライアンエアーとイージージェットはヨーロッパでこの手法をとり、エアアジアはアジアで同じような戦略をとった。各社は、使いやすい空港への乗入れを急速に拡大し、新たな模倣者の参入を阻止する能力を構築している。

こうした新興航空会社は、自社がターゲットにする市場にパイオニアが参入していないという状況を利用して成功したが、H・J・ハインツも同じような戦略を使って、自国から遠く離れた地でパイオニアを超えた。ハインツはスープ缶の分野で一番手と大きな差がある二番手の座にあり、アメリカ市場におけるキャンベル・スープ・カンパニーの独占を崩すことができなかった。そこでイギリスに一番手として参入し、キャンベルがアメリカで築いたのと同じ主導的な地位を確立した。すると今度は、一八九七年にスープ濃縮プロセスを発明したキャンベルのほうが、市場でのプレゼンスを維持するためだけに、スーパーマーケットブランドを投入しなければならなくなったのである（＊30）。

他の模倣者が参入機会を狙っておらず、オリジナルのパイオニアが展開地域を拡大しない限り、インポーターはゆっくりと移植を進めることができる。サウスウエスト航空がアメリカ市場にとどまっていなかったら、カナダ、ヨーロッパ、アジアのコピーキャット企業は、それぞれの市場にこれほどゆっくり参入することはできなかった。アメリカのバス会社、ボルトバスがサウスウエスト航空に似たモデルを導入したのは、オリジナルが航空業界で成功することが証明されてから何十年も経ってからのことだった。

ビジネスモデルのインポーターにとっては、法的保護の弱さはプラスに働くが、皮肉なこと

に、州境や国境をまたぐ競争を制限する規制からも恩恵を受ける。フィフスサード銀行の会長を務めたダン・シャックルフォードは、州際銀行業務が制限されているために、銀行は他の市場の同業者とアイディアを共有しようとは考えなかったと説明する(＊31)。したがって、インポーター戦略をとるのであれば、競争相手以外のところから模倣のターゲットを探すのが賢明だろう。そのほうが模倣の機会が広がり、それをうまく活かせると思われる。

そして最後に、国や産業の境界を越えて移植するときは、二つの国、あるいは二つの産業の環境を深く理解すると同時に、脈絡を読み取って、対応づけの問題をうまく解決できなければならない。経験豊富な多国籍企業でさえ、本拠地以外の地域で成功することはめったにない。そのため、模倣者はグローバルな能力を開発するか、それができないなら提携するほうがよい。いずれにしても、二つの環境を徹底的に比較しなければならない。

サウスウエスト航空の例を見る限りでは、移植は有望な模倣戦略のように思える。移植はリスク調整後のリターンが最も高くなるケースが多い。ただしインポーターにとっては、対応づけの問題がファストセカンドやカム・フロム・ビハインド以上に大きな壁となることを忘れてはならない。オリジナルとコピーの構成要素に対応関係があるかどうか、対応づけのために分析して判断した結果ではなく、たまたまうまくいくことがある。私はこれを「偶然による対応づけ」と呼んでいるが、これでうまくいくことを期待しては駄目だ。

どのように模倣するか

どのように模倣するかという問題は、模倣ターゲットを特定し、特定した模倣対象を分析し、適応させ、模倣を実践していくパターン、プロセス、順序と関係してくる。第5章で説明したプロセスに加えて、大まかなロードマップを作るのか、青写真の詳細まで描き出すのかを決める必要がある。ビジネスモデルの場合は特にそうだ。モデルに関する関連性のある情報を誰が集めるか、どこから集めるかを決める必要もある。パイオニアに高い障壁を築かせないようにすると同時に、模倣戦略をとろうとしている企業が自分たちよりも先に動いたり、差別化要因を盗用したりするのを阻止するために、秘密をどう保持するかを決めなければならない。

ビジネスモデルを模倣しようとするのであれば、そのプロセスを支える構造を作る必要がある。これまでに見たように、模倣対象のモデルを既存のシステムに埋め込もうとすると、新たに設立した別組織が地理的な面だけでなく、資産や負債の面でも切り離されていない限り、完全な失敗に終わりやすい。統合がもたらす戦略上のメリットは魅力的だが、たいていは、二つの異なる事業を一つのプラットフォームで運営する複雑さを埋め合わせるには至らない。たとえばファイザーは、後発医薬品事業と革新的医薬品事業を統合して、「製造・マーケティングの地球規模のインフラ」からシナジー効果を引き出そうとしているが、独立した後発医薬品事業を設立したスイスの製薬メーカー、ノバルティスのアプローチのほうがうまくいくのではないかと思われる。同じように、メルクもバイオベンチャー部門を立ち上げて、バイオ医薬品版

の後発医薬品、いわゆる「フォロー・オン・バイオロジクス」を生産する計画を立てている（メルクは同時に、既存製品と十分に差異がある変種を開発することで、知的所有権を侵害しないようにもしている）（*32）。

結論としては、模倣者は、どのように模倣するかをはっきり決めるのはもちろん、どうやって模倣を成功させるかを示した詳細なロードマップも作らなければならない。そのときには、社員や部署がどんな責任を負うか、始動から実践までをどのようなプロセスで進めるかを明確に指示するべきである。

対応づけの問題

模倣を成功させるには、模倣のターゲットを正しく変換して、原型に観察される望ましい結果をもたらすコピーを作り出す必要がある。この問題は、模倣を研究する科学者にとって中心的な課題である。そして、このことは生物学的生命現象、社会的生活だけでなく、経済活動にも同じように当てはまる。かつてはアニメーション制作のパイオニアだったフライシャーは、後発のディズニーを模倣しようとしたが、カラー技術などの能力がなく、作風の点でも適合しなかった。『ニューヨーカー』誌に「産業界のニューヨーク・ヤンキース」と賛辞を贈られるほど高く評価されていたGEは、自社の慣行をたくさん模倣されたが、多くは期待外れの結果に終わっている。GEは人事考課を三段階で評価するシステムをとっており（下位一〇％の社

員は解雇される）、多数の企業がこれをコピーした。フォードもその一つだったが、ＧＥでうまくいったことがフォードではうまくいかないことがすぐに明らかになった。言い換えると、オリジナルとコピーの要素をうまく対応づけることができなかったために、オリジナルと同様の成果を出すことも、取り入れる側の文化やシステムに適合させることもできなかったのである（＊33）。

対応づけの問題を克服するには、形式化された文字的な要素の脈絡を読み取って深く潜り込み、表面の下に隠れている本質を見抜く能力が必要になる。そのためには、オリジナルと模倣者、それぞれについて、因果関係を分析しなければならない。モデルが複雑な場合は特にそうだ。原型モデルの因果関係を解読できないようなら、取り入れる側のシステムの因果関係を確立できるわけがない。その後、入手できない要素や、模倣する側の環境に合わない要素があれば、それに代わる要素を組み込んで置き換えるなどして、取り入れる側の因果関係の連鎖を再構築しなければならない。

認知科学者も、これと同じ疑問を投げかけている。「知覚された別の行為者の行為が観察者による類似の行為にどのように翻訳されるのか」。そうするには企業版ミラーニューロンが必要になる。自分が観察した行為を実際に自分自身で行えるようにするには、脳の視覚系のコードを運動系のコードに変換しなければならない。そのために必要なものが、ミラーニューロンである（＊34）。企業の世界におけるミラーニューロンとは、高度に発達した認知スキルを持つ社員であり、他者の目を通じて世界を眺めることを可能にする文化である。戦略的な提携を成功

させた経験を持つ企業は、こうした文化を持っていることが多い。

対応づけの問題をきちんと解決しないで模倣に取り組み始めても、視界がとれないまま計器だけに頼って飛行機を操縦し続けるようなことになる。机上の理論と言われるが、机上ですら意味をなさなければ、現実世界で意味をなすことなどめったにないし、一度模倣のプロセスが始まってしまうと、中止させるのは難しい。誰かにあえて反対意見を述べさせて、議論を尽くすようにするなど、予防的な対策やプロセスを組み込むべきである。

バリュープロポジション

バリュープロポジションを検討することは、最も基本的な問題に答えを出すことである。その問題とは、「計画している模倣を実行すると、どんな価値が生まれると予測されるのか」ということだ。この予測をするときには、成功する見込みはどうか、模倣を支え、価値を高めるために活用できる資源（資本、拠点の広がり、評判など）がどれだけあるか、どのような模倣能力を持っているかを勘案して、潜在的なメリットとコストやリスクとを比較考量しなければならない。ペプシコ元幹部のノウェルの説明によれば、ペプシコの製品構成は多岐にわたるため、イーグルスナックなどのライバル企業が採用できないアイディアを取り入れることができるという（＊35）。ダン・シャックルフォードの話では、潜在的なメリットは規模とも相関関係にある。模倣には投資とリスクが伴うため、組織にとっての潜在的なメリットが相当大きくなけ

れば、何かを模倣する意味がない(*36)。

模倣のコスト

模倣にはそれ相応のコストがかかるが、平均的に見ると、イノベーションを起こすよりもはるかに少なくてすむ。これを出発点に考えていくとわかりやすい。模倣とイノベーションを比較したある調査によると、模倣のコストはイノベーションの約六五〜七五%、模倣にかかる時間はイノベーションの七〇%前後だという結果が出ている。それでもかなり大きなコストであることに変わりはない。数は小さいながらも、イノベーション並みのコストがかかる例もある。模倣にコストが発生するのは、イノベーターがたどった手順の多くをたどり直さなければいけないからだ。模倣者も、応用研究をして製品の仕様を決定し、工場や機械に投資して試作品を作り、最終品を製造して、マーケティングしなければならない。迅速に市場に投入するのはファストセカンド戦略の一環だが、それには代償もある。市場に投入するまでにかかる時間を一%短くすると、コストが平均で〇・七〇%増えてしまうのだ(*37)。

後発者の場合は、ファストセカンドよりもコストがいくらか小さくなる傾向がある。後発者は製品やプロセスを深く理解できるからだ。場合によっては、使われていない生産ラインを流用できたり、既存のパイオニアや早期模倣者の流通チャネルを利用できたりすることもある。このように、後発者は差別化を図る時間と資源を確保できるし、質が高く信頼できるという評判など、補完的資源を活用して、知名度で劣るコピーキャット企業に対して価格プレミアムを

獲得することもできる。

　ここで一つ言っておきたいことがある。模倣のコストを考えるうえで、資産は非常に重要な意味を持ってくる。アメリカの化学メーカー、アシュランドのジェームス・J・オブライエンによると、トヨタ自動車とホンダがミニバン市場で後発参入に成功したのは、両社のブランドが信頼性、機能性、価値を象徴していたからだった。そのブランドイメージはミニバンにはうってつけだった（スポーツカーだったら高く評価されなかっただろう）（＊38）。柔軟性の高い生産ラインも、トヨタとホンダの強みになった。生産車種を迅速に低コストで切り替えることができたので、スイッチングコストを抑えられたためだ。

　そして最後に、総コストを計算する際には、模倣に対する防御を克服するコストを忘れてはならない。防御がすでにある場合だろうと、これから構築されそうな場合だろうと、それは変わらない。社内のさまざまな障壁を克服するコストも、模倣のコストに含まれる。他社が市場に参入しやすいか、他社はどのような模倣能力を持っているか、顧客に受け入れられそうか、という問題も、模倣のメリット、コストの両方に影響を与える。

模倣のリスク

　レビットが述べているように、模倣だからといって自動的にリスクが減るわけではない。単にリスクの性質が変わるだけである。イノベーターは、うまくいくかどうかわからないものや、市場が受け入れてくれないかもしれないものに研究開発費を投じるリスクを負うが、模倣

者は別のリスクを負う。なかでも大きいのは、多くの競争相手がひしめく市場で顧客に手が届くかというリスクである（＊39）。模倣しようとしている製品を複製できないことが途中でわかるかもしれない。中国がボーイング707型機をコピーしようとして失敗したことを思い出してほしい。販売にこぎつけたとしても、赤字になる可能性もある。そうなれば、投資は無駄になるし、真空地帯（空白のスペース）を生み出して、競合他社を別の製品ラインに引き込むかもしれない。

自らの知的財産を守ろうとするイノベーターと衝突すると、訴訟に発展する法的リスクもある。製品、模倣の範囲、レプリカの正確さ、関係者の交渉力によって、リスクの程度は変わってくる。たとえば、企業の八割が権利侵害製品の製造者に対して法的手段をとっているが、それを販売した小売会社を相手取って訴訟を起こした企業は四割にすぎない（＊40）。法的リスクは小売会社のほうが小さい。小売会社は流通を支配しているため、メーカーが小売会社を相手取って訴えることに二の足を踏むからだ。

さらに、特定の戦略やインフラに投資することで、将来の選択肢が制限されてしまうリスクもある。別の行動方針のほうが成功する見込みが大きいことが明らかになっても、方向転換しようとするインセンティブが働かなくなるからだ（＊41）。このリスクは基本的にはイノベーターと同じものである。投資が埋没して回収不能になる事態を防ぐために、情報の探索能力を高める、生産体制を柔軟にする、といった対策をとることでリスクを軽減できる。

そして最後に、コピーキャットのイメージがついて、価格プレミアムを獲得する力が損なわ

れるリスクがある。その影響は、当該の製品はもちろん、他の製品やサービスにも及びかねない。そのため、模倣のリスクを評価するにあたっては、模倣の計画を推し進める戦略的な意図をよく検討するとともに、製品構成全体を評価することが大切である。

模倣のメリット

模倣戦略をとろうとしている企業は、第1章で概説したさまざまなメリットを引き出す能力をどのように構築するかを考えなければいけない。しかし、検討するべき問題は他にもある。その一つが、自社が獲得できるかもしれない部分独占利益の範囲である（これは特にファストセカンド戦略で重要なポイントになる）。部分独占利益は、他の模倣者が市場に参入するまでにどれくらいの時間がかかるか、他の模倣者に対する防御を築くコストがどれくらいになるかに左右される。この問題は、実は、イノベーターがイノベーションを起こしたり、新しい市場を開拓したりするときに自問することと同じである。

また、差別化されたポジショニングによって得られる潜在的な価格プレミアムを、差別化のコストとも比較考量しなければならない。模倣が市場への橋渡しになって、別の模倣品はもちろん、革新的な製品やサービスも続けて投入できる可能性があるかどうかを考えるべきである。その一例として、日本の自動車メーカーは模倣車でグローバル市場に参入したが、そのために築いたディーラー網などのインフラが、革新的な製品を投入するための足がかりになった。

一番難しい課題は、模倣を支える補完的資源の価値を評価することだろう。なかにはすでに

補完的資源としての価値が十分に理解されているものもある。その一つが評判である。評判が確立されていると模倣のメリットが大きくなることがわかっている。イノベーションと模倣防止に重点が置かれる傾向があるため、模倣の二次的なメリットは過小評価されやすい。この点を、サンディスクを例に説明しよう。アップルのｉＰｏｄを模倣したサンディスクのデジタルオーディオプレイヤーは（一番手と大きな差がある）二番手として堅実な収益をもたらしているだけでなく、同社のフラッシュメモリーを業界標準として宣伝する役割も果たしている。サンディスクのデジタルオーディオプレイヤーは、同社の知的所有権に対する需要を喚起し、ライセンス収入やロイヤルティー収入を生み出しているのだ(*42)。この例が示すように、模倣のメリットは、模倣活動とイノベーション活動から二次的価値を創出することでもある。それは模倣とイノベーションを融合させなければ生まれることのない価値である。

バリュープロポジションが明確になるまで模倣すべきではないことは、改めて言うまでもないことのように思われるかもしれない。しかし、模倣に取り組むうえで、おろそかにしてはならないことである。系統立ったアプローチをとることは、模倣のコスト、ひいては模倣のリスクを軽視したり、過小評価したりするのを防ぐ手立てとなる。

第６章のまとめ

①模倣はイノベーションと同じくらい有望な戦略である。

②模倣戦略のカギを握るポイントは、どこの、誰の、何を、いつ、どのようにして模倣するかであり、その答えをもとに、対応づけの問題を解決し、バリュープロポジションを明確にしていく。

③模倣のタイミングについては、ファストセカンド戦略、カム・フロム・ビハインド戦略、パイオニアインポーター戦略という三つの選択肢がある。

The Imovation Challenge

第7章 イモベーション 成功の条件

本書の出発点は、ビジネスにとって模倣はイノベーションと同じくらい重要であるという点にある。また、模倣はイノベーションそのものを生み出すのに不可欠な要素でもある。焦点を絞り、効果的にイノベーションを生み出すには、模倣に対して体系的かつ戦略的なアプローチをとることが大切になる。これまでの章で、私たちは生物学から哲学、芸術、歴史、考古学、心理学、経済学、経営学、さらには認知科学、ニューロサイエンスに至る幅広い学問領域に目を向け、模倣をさまざまな角度から見てきた。その過程で、模倣が地球上のすべての種の生存、進化、幸福に非常に重要な意味を持つことを学んできた。そして、高い認知能力を持つ種の場合は、模倣の潜在的な可能性がさらに大きくなることも知った。人類の文明化の進展において模倣が果たした役割は大きく、どれほど革新的な社会だろうと、模倣をしなければ取り残されてしまうことを見てきた。

模倣は新しいアイディアの移植を容易にし、プレイヤーが致命的な間違いを犯すことを防

ぐ。この点で、経済活動というのは生物学的世界や社会的世界と基本的に変わらない。私はそうも主張してきた。そして最後に、グローバル化と知識の形式知化が進み、法律面、戦略面、マーケティング面で模倣を阻止してきた要因が通用しなくなってきているため、模倣はかつてないほど実行しやすくなり、メリットが大きくなり、スピードも加速しているという指摘もした。

かつては原始的な本能と考えられていた模倣だが、生物科学や認知科学では、模倣は複雑で、知的で、創造的な試みであり、模倣能力は希少でとても貴重な才能であると認識が変わってきている。一方、経営学ではまだそうした変化が起きていないように思える。経営学が生物科学や認知科学に追いつくのを待っている余裕は、企業にはない。今すぐ行動を起こし、適切なモデルの参照から、脈絡の読み取りに至る模倣能力を開発して、真の模倣（完全な模倣）を実行できる体制を整えなければならない。真の模倣をするには、オリジナル、コピーのそれぞれに埋め込まれている手段と目標の因果関係の連鎖を解読して、模倣というパズルの中心的なピースと広く考えられている対応づけの問題を解決する必要がある。そして、対応づけの問題が解決されたら、その答えを指針として使い、幅広いレパートリーの中からどの模倣戦略を選んで展開するかを正しく評価して、適切に判断しなければならない。

さまざまなケーススタディーが示しているように、対応づけの問題がうまく解決されていると、模倣に成功する傾向がある。対応づけの問題が解決されていないと、模倣のメリットを引き出せないばかりか、模倣のコストとリスクを抱え込むことになり、失敗してしまう。模倣に失敗する企業は概して、真の模倣をしていない。つまり、モデルが生み出す結果の背後に隠さ

れている入り組んだ因果構造を解明することを怠り、必要不可欠な支柱が欠けたコピーを生み出しているのである。多くの場合に問題になっているのが、模倣能力の欠如である。模倣を支える企業風土が築かれていないし、遠い世界から意外な模倣のお手本を見つけて参照することも、脈絡を正しく理解して深く潜り込み、モデルやモデルの基礎的条件を掘り下げて理解することもできていない。

模倣の取組みに戦略目標が設定されていないケースもある。戦略目標がないと、何を模倣しようとしているのか、後発参入という劣位をどう埋め合わせていくのかということさえわからなくなる。成功した模倣者ですら、模倣に戦略的に取り組んでいることはめったにない。他社の失敗をうまく利用するか、偶然による対応づけ（きわめて重要な要素を体系的に特定して構築したのではなく、たまたまそうなったという状況）の恩恵を受けている例がほとんどだ。

来るべき模倣の時代においては、偶然に頼った未熟なアプローチはもう通用しなくなる。イノベーションだけ、あるいは模倣だけに頼っていては、競争優位を築くことはできない。イノベーションと模倣を融合させて、イモベーション優位を生み出すには、模倣者の参入を阻止する能力はもちろん、模倣を阻止するメカニズムに関する知識も活用して、イノベーターが築いてきた防御を突破する能力も必要になる。これが次節の焦点になる。

模倣に対する防御を克服する

すべてのイノベーターが模倣者を撃退する戦略をとっているわけではない。プロローグ・リサーチ・インターナショナルのトム・ルドラム・ジュニアの話では、医薬品業界のイノベーターたちは後発医薬品の出現に「たまたま起こった出来事」という反応を示したという（＊1）。しかし、模倣者は模倣に対する障壁が築かれているか、これから築かれるという前提に立ち、模倣に対する防御をかいくぐる方法を見つけるべきである。模倣者にとっては幸運なことに、模倣を阻む鉄壁の要因というものは存在しない。情報を完全に隠せるわけでもない。模倣に対する防御にはどのようなものがあるのかを知って、防御を突き崩すと同時に、別の模倣者に対しても防御をとれるようにすることが、模倣者にとっては重要になる。

因果関係の曖昧さを克服する

企業が**因果関係を曖昧にする**戦略をとっていると、部外者がその企業の製品やプロセス、モデルを解読して理解することは難しくなる。防御が堅ければ、情報にアクセスされたとしても、それほど問題にならない。J・H・ギッテルは、サウスウエスト・モデルを研究した著書の中で、サウスウエスト航空が情報を公開していることに当惑するコンチネンタル航空の顧客サービス担当責任者の言葉を引用している。「サウスウエスト航空は、その小さな世界の中に当社の社員を招き入れた。『どうぞどうぞ、さあ何でも聞いてください』とケレハー氏は言っていたが、どうしてそんなことをするのか、私にはわからない」（＊2）。シャーウィン・ウィリアムズのクリス・コナーは、カメラ、テープレコーダー、巻き尺で武装した客が店にやってく

るので気が気でないという電話が店員からかかってくるのだと語る。「彼らはペンキ専門店を運営する方法を見つけ出そうとしているのだ」とコナーは言う。しかし、「どうなっているのかを知ることと、どのようにそうするかを知ることは、まったく別物だ」(*3)。

そのとおりではあるのだが、その考え方がいつも正しいとは限らないと言っておくべきだろう。ウォルマートとEマートの創業者は、他の店を訪れては、貴重な情報を収集していた。こうして集められた情報は、他のデータとともに入念に分析され、アイディアを拝借して実践するための重要な教訓となった。対象に深く潜り込む能力を備えた有能な模倣者なら、ビジネスモデルを構成する複雑なパズルを復元できるし、曖昧な因果関係を解読することもできる。

この作業は難しいかもしれない。それでも、絶対にできないわけではない。オープンなコミュニケーションを重視している革新的な企業にとって、内部のプロセスを覆い隠すことは難しい。それに企業が情報を隠すといっても限度があり、社内の活動の調整を妨げたり、過度のコストが発生したりしないようにしなければいけない。日本企業は**ボトルネック**戦略をよく使う。カギとなる知識と能力がどのように結びついているかを、信頼のおける少数の社員にしか公開しないようにするのである。しかしこの戦略だと、サービスやメンテナンスが必要になると、スタッフをその都度派遣しなければいけないので、コストがかさむ。しかも、ボトルネックの保護が破られれば、システム全体が危険にさらされる。サウスウエスト航空は企業文化こそが模倣を阻む要因であり、模倣者には克服できないとしているが、その企業文化でさえ、モデルを支える別の文化や、そうした文化を象徴する形式知化された要素に置き換えることがで

きる。

戦略に関する論文では、組織全体に埋め込まれた暗黙の複雑な知識を複製することは難しいと断じられている。ところが、歴史を振り返ると、古代の風車や回転式ひき臼から、現代の油圧削岩機まで、そうした知識の複製が繰り返し起こっている(＊4)。模倣者は、さまざまな知識の要素を注意深く組み合わせ、経営学者がイノベーターにしかないものだとしている**吸収能力**を開発して、この離れ業をやってのけている。**アーキテクチャー知識**を持つ模倣者は、吸収能力を持つ企業から投入要素を手に入れられるし、対象に深く潜り込む能力を持つ模倣者は、欠けた部分を代わりに埋める要素を特定できる。場合によっては、目に見える体系的な要素だけを真似るというやり方もある。サウスウエスト航空の多数の模倣者はこの方法を使って、オリジナルをしのぐとまではいかなくても、それと同様の成果を出すレプリカを作っている。

そして最後に、多くのイノベーターは、自分たちはゲームの先頭を走り続けることができると考えて、知識を公開している。コダックが中国のパートナーに自社の工場とプロセスを公開したのは、自分たちは常に一歩先を行けると考えていたからだった。ゼネラル・エレクトリック（GE）もそうだ。GEが自社タービンの青写真の公開を強く求める顧客に情報を提供したとき、すでに次世代技術の開発を進めていたので、警戒する必要はなかったと言い切っている。P&Gは、矢継ぎ早に製品の改良・拡張を行うことで、ゲームをリードし続けている。洗濯用洗剤のタイドを例に挙げると、一九五六年に発売されてから一九九九年までに七〇回も改良して、模倣者を寄せつけないようにしている(＊5)。「狂ったようにイノベーションを起こし

続けろ」。カーディナル・ヘルスのR・ケリー・クラーク会長兼CEOは、ライバル企業による模倣の試みをどう抑え込むかということについて話していて、こう助言している（＊6）。

模倣者は、成熟しているが実証済みの技術を使った製品を割安な価格で提供することで、競争力を維持できる。これは多くの顧客にアピールするバリュープロポジションだ。顧客が模倣者の製品に満足すれば、その顧客にはブランドロイヤルティーが生まれ、スイッチングコストが発生する。そのため、模倣者がその後、模倣品を足がかりに、さらに新しい技術を開発するか、既存の技術を斬新なやり方で結合させて、上位製品の市場に参入しても、顧客はそのまま模倣者の製品を買い続けるだろう。このように、イノベーターを守るはずのブランドロイヤルティーやスイッチングコストは、模倣者を守るものにもなる。

関係ネットワークを克服する

社内外の関係者を結ぶ複雑なネットワークが構築されていると、バリューチェーンが目に見えて深く理解されていたとしても、他社がバリューチェーンに入り込んだり、複製したりすることは難しくなるとされている。サウスウエスト航空の他にも、アメリカの溶接機器メーカーのリンカーン・エレクトリックや、マクドナルドが、サプライヤーをはじめとする重要な取引先との緊密な関係を独自のオペレーションシステムに付加することで、おいそれとは模倣できないモデルを生み出している（＊7）。これは、効果的な販売とサービスを構築することが模倣を抑え込む最善の方法だとするリチャード・レビンの研究結果と一致する。シャーウィン・ウィ

リアムズのコナーは、「顧客との間に築いた関係のすべての範囲にわたって優れた模倣者になるのは難しい」と語る(*8)。カーディナル・ヘルスのクラークは、同社は「最後の一〇〇ヤード」(約九〇メートル)を支配することで、関係性を固定させていると言う。最後の一〇〇ヤードとは、医薬医療品の流通が患者や医療従事者と直接結びついている領域のことである(*9)。

その反面、アシュランドのジェームズ・J・オブライエンが指摘するように、重要な関係が崩れたら、競合企業にとっては好機になるので、模倣者はイノベーターの動きを監視して、提携が解消されるなど関係にほころびが出ていないかをチェックしなければならない(*10)。顧客や他社との関係をいつも守れるとは限らないし、コストが高くつくこともある。そのため、シャーウィン・ウィリアムズのように、すでに流通に投資して埋没費用化している企業や、戦略上の理由で、顧客にどうしても近づかなければならない企業にとっては、重要な関係を守るのは効果があるが、それ以外の企業はそうとは限らない。また、この防御は鉄壁でもない。サウスウエスト航空は社員などの利害関係者と良好な関係を築いているが、サウスウエスト・モデルの形式知化された要素に焦点を合わせている企業や、同様の結果を出す代替的なネットワークを築いている企業が模倣に成功している。

シグナリングとスイッチングコストを克服する

模倣を戦略的に阻止する要因としてよく使われるのが、**シグナリング**である。これは、パイオニアやイノベーターが卓越性を示すことで、模倣戦略をとろうとしている企業にオリジナル

と競争するのをあきらめさせるというものだ。模倣者はこのシグナルをうまく迂回する。質のシグナルであれば、低価格や差別化で対抗できる。

供給過剰状態を引き起こすというイノベーターのシグナリングは、自分たちの縄張りを守るためにはどんなことでもするし、資源を囲い込んで模倣者が市場に参入できないようにするというメッセージを潜在的な模倣者に送るものだとされている。しかし、このシグナリングは、模倣者の攻撃をむしろ受けやすくしてしまう。供給過剰状態を引き起こすのはコストがかかるし、リスクも大きい。思ったように需要が伸びなかったり、顧客の嗜好や技術が変わってしまったりすることもある。したがって、イノベーターが自分の縄張りを守ろうと供給過剰気味に生産すれば、かえって能力の高い模倣者に付け入る隙を与えてしまう。特に改良品や代替品を生産できる模倣者にとっては、これは願ってもない好機となる。

どのような形で供給過剰状態にするかも問題になる。陳列棚を占拠して、競合製品を棚に並ばせないようにするなどすれば、相手から訴えられるおそれがある。また、模倣者が別の流通チャネルを見つけることもある。H・J・ハインツは濃縮スープ市場でこの方法を使った。パイオニアが供給過剰を起こせば、それを逆手にとってうまく利用することだってできる。フォルクスワーゲンの新型ミニバン「ルータン」は、クライスラーのプラットフォームを使用し、クライスラーの工場で組み立てられているが、自社の強力なブランドイメージを活かし、アメリカの購入者に大学の授業料一五〇〇ドルを援助するという斬新なマーケティング活動を展開して、差別化している(*11)。

パイオニアは**スイッチングコスト**によって守られているとよくいわれる。スイッチングコストは、顧客が慣れ親しんだ技術から別の技術に乗り換えるときに発生する費用である。パイオニアたちはすでに既存の技術に投資しているので、そのインフラのレベルを高めなければならない。しかし、パイオニア優位を主張する学者は、同一規格のゲームしか受け入れないコンピューターゲーム機など、スイッチングコストが非常に高い例を挙げていることに注意しなければならない(＊12)。模倣者は、スイッチングコストが最小限ですむ製品を選ぶことができる。自動車やパソコンがその例である。フォード・モーターは、新しく運転免許をとったドライバーは教習で乗り慣れている自動車を買うだろうと誤解して、カナダの自動車学校を買収しているし、パソコンは今やアップルを含めて、ほとんどすべてのマシンが「互換機」になっている。さらに、新しい製品に乗り換える際には、固有のスイッチングコストが発生する。そのため、既存の機器や使用方法に互換性がある模倣品は、オリジナル以上に魅力的に映るかもしれない。また、余分な機能を省いた廉価品を投入すれば、値段が高すぎるために既存製品を敬遠しており、スイッチングコストとは無縁の顧客を取り込める。

補完的資源を克服する

特殊な製造方法、独占供給、流通チャネルなどの補完的資源は、模倣者が同じ資源や代替資源にアクセスできない限り、模倣を阻止する要因として作用する。忘れられがちだが、少なくとも一部の模倣者は、イノベーターと肩を並べるか、場合によってはイノベーターをしのぐ規

模とインフラを備えている。ＩＢＭは、メインフレーム・コンピューターでは、自社の企業顧客基盤を武器に、パイオニアのレミントンランドに打ち勝った。しかし、リーダーとして君臨したパソコン市場では、知的財産という阻止要因の使い方を誤った。知的財産の利用によって、模倣者には追加コストがかかるのだが、間接費の低さはそれを上回ったのである。もう一つの例がイスラエルのテバファーマスティカルだ。後発医薬品世界最大手である同社がバイオ後続品に参入した最大の理由は、バイオ後続品に巨額の投資ができる競合メーカーはほんの一握りしかいないとわかっていたことだった。補完的資源は提携を通じて獲得することもできるし、欠けている投入要素を提供するサプライヤーを見つけて手に入れることもできる。

Ｐ＆Ｇは模倣を阻止するためにカミソリ製品のジレット事業の供給基盤を分割しているが、そこまでするイノベーターは限られている。メーカーの垂直統合度は低く、独占供給契約を結ぶことはあまりないので、模倣者は同じＯＥＭメーカーから同じ投入要素を獲得できる。パイオニアやイノベーターは、最高の立地や流通チャネルを独占できるわけでもない。都市部ではいくつものビジネスセンターが開発され、新しいショッピングモールが乱立しているため、模倣者はまったく新しい魅力的な立地を代わりに用意できる。

さらに、流通は大手小売企業に支配されるようになっている。この傾向はアメリカで特に顕著である。大手小売企業には交渉力があり、何を陳列棚に並べるかを小売企業が決める。こうした小売企業は、ブランドメーカーだけでなく、模倣メーカーとも取引する可能性が高い。模倣者の製品はたいてい小売企業のプライベートブランド（ＰＢ）商品として販売される。上位

製品にシフトすると、模倣者にとってのパイの取り分は大きくなるため、模倣者にはポジショニングを上位にシフトさせるインセンティブが働く。情報は一度作り出されると、追加生産にかかる限界費用はほとんどゼロとなる。つまり、研究開発費の比重が高い製品を模倣するほうがコストがかからずにすむということだ（＊13）。

マーケティングの障壁を克服する

マーケティング上の障壁として最も一般的なものがブランドである。この障壁は、ＰＢ商品の販売、既存ブランドの買収、名声の高い企業との提携、充実した保証の提供などで克服できる。それでも、ブランドがカギを握る障壁であることに変わりはない。商標が強力なとき、ブランドロイヤルティーが高いとき、ブランドが流通チャネルの支配と結びついているときは、特にそうである。

シャーウィン・ウィリアムズのコナーは、自社の広域にわたる店舗網には模倣者は対抗できないと自信をのぞかせる。ところが、模倣者は別の立地を確保できる。急成長している地方は特に立地を手当てしやすい（＊14）。スターバックスは店舗網を急拡大させたが（おそらく、質とコントロールの低下という代償を払っている）、コピーキャット企業の出現も、マクドナルドのような関連領域からの競合企業の参入も、止めることはできなかった。流通障壁が作用するのは、規模や数量の優位性が大きいときと、流通チャネルが限られているか、固定されているときである。そうでなければ、模倣者は何の問題もなくイノベーターに挑戦できる。

マーケティングの研究者も、消費者は最初に市場に導入された製品を選好すると論じている。そうした製品はよく知られているものであり、新規参入者を評価する際の標準的なベンチマークになる。だからといって、模倣者がオリジナルよりも質が高いか、価格が安いか、価値が大きいと判断されるものを売り出す障害にはならない。実証済みの製品のほうを選ぶ消費者もいるだろうが、新しいバージョンが欲しいと思う消費者もいるだろう。重要な特性がオリジナルよりも優れていればなおさらだ。多くの消費者がリスク回避志向であるのは間違いなく、新製品の使い方を覚えることを嫌がったり、既存の製品が陳腐化していることを頑として認めようとしなかったりする。消費者は、パイオニアにこだわることで、代わりの製品を探すコストを減らし、代替品がうまく機能するかどうかという不確実性を取り除いていると言われている(*15)。しかし、現代はインターネット時代であり、探索コストは低い。アメリカの消費者情報誌『コンシューマーレポート』や、市場調査会社のJ・D・パワーなど、数多くの第三者機関も消費財の品質調査を行っている。製品やプロセスに投入される要素を最終製品メーカー同士が共有する傾向が強まっていることから、イノベーターにとっても、模倣者にとっても、差別化の図りやすさはほとんど変わらない。

またイノベーターは、模倣者がひしめき合う領域から、模倣者がほとんどいない空間や、模倣者がほとんど現れそうにない空間に、製品や慣行、ビジネスモデルのポジショニングを変更したほうがよいとも言われている。この阻止行動はしょせん一時しのぎのものでしかない。模倣者は見込みがありそうなところに集まるものだし、模倣者の能力は高まっていく。さらに、

上位製品にシフトすれば、規模の優位性を失うだけでなく、価格プレミアムを獲得している巨大な市場も失うことになる。消費者向け製品市場での上位製品の割合は三〇～三五％にすぎないと、P&GのG・ギルバート・クロイドは指摘する(*16)。模倣者はそのテリトリーを積極的に狙ってくる。イモベーターも他の領域から製品をシフトさせてくるかもしれない。実際、アップルはiPodのポジショニングをシフトさせ、模倣品がはびこるオーディオプレイヤーの領域から、複製できる模倣者がほとんどいない複雑な空間へと移動させている。

そして最後に、多くの企業は、卓越した遂行能力が模倣から身を守る盾になると考えている。たとえばライオネル・ノウェルは、ペプシコはたいてい模倣者を「遂行能力でしのぐ」ことができるとし、「同じ計画を模倣者たちに与えたとしても、それを私たちと同じレベルで遂行する人材も資源もないと、よくジョークの種にしていた」と話している(*17)。

イノベーターが持つ卓越した遂行能力は、シャーウィン・ウィリアムズの模倣者にとっては大きな壁になっているかもしれない。しかし、デルの模倣者にとってはそうではなかった。デルのビジネスモデルをコピーしているライバル企業について質問されたケビン・ロリンズCEO(当時)は、次のように答えている。「私たちの成功のカギは、何年もかけて培ってきたチームのDNAである。それを複製することは不可能だ。他社が私たちと同じように遂行することなどできない」(*18)。しかし、それは間違っていた。コンパックは代替品を見つけ出し、パソコンの製造をコスト効率の良い有能なアジアのメーカーに委託し、オペレーションとサプライチェーンを強化した。優れた実践能力を持つ模倣者なら、イノベーターが生みの苦しみと

格闘している間に、何の支障もなく機能する製品やモデルを開発して、遂行面を逆に強みに変えることができる。

結論を言うと、模倣者は、模倣を阻止する要因を克服する方法を身につけると同時に、そうした阻止要因を自ら使って、模倣戦略をとろうとしている他社の参入を阻んだり、遅らせたりするべきである。イノベーションを起こすには情報の風通しを良くしなければならないが、他社の参入を阻止するには情報の漏洩を防ぐ必要がある。この明らかな矛盾を、イモベーターなら解消できる。P&Gの多面的なアプローチがその例だ。同社は、模倣を阻止する法的な手段として、特許と商標登録を組み合わせて使う一方で、**アセンブラー型防御**も使っている。個々のベンダーやサプライヤーにはパズルのピースしか見せず、P&Gだけがパズルの完成図を把握しているようにするのである。同社は独自の技術や生産システムを使用している。たとえば、ジレットのカミソリ製品は、P&Gが設計・製造した機械を使って内製されている。それを支えているのが、情報は知る必要のある人だけに伝え、知る必要のない人には伝えないという「ニード・トゥ・ノウ」の原則に基づく情報の細分化である。その技術がどのようなものか、なかでも一つひとつのピースがどう組み合わさっているのかは、P&Gのごく一握りの社員しか知らない。

P&Gのクロイドは、ビジネスモデルは保護するのが一番難しいと認める。クロイドの話では、同社は消費者の行動とニーズを深く理解することで、小売企業との強力な関係を築き、この関係をさらに強化している。イーベイも同じような戦略をとっているという(*19)。この手

法は、能力面や知識面で劣るプレイヤーに対しては特に有効である。しかし、幅広い領域を網羅する模倣者に対しては、効果がやや薄い。たとえば、アメリカの家庭用化成品メーカー、SCジョンソンは、多面的な防御を無力化させるだけの規模と模倣能力を備えている。一番重要な点は、P&Gが、学習や商業化の機会を積極的に掘り起こすオープンイノベーション・システムを維持しながら、このすべてを行っていることである。

イノベーション、イミテーション、イモベーション

「ある業界の中の一つの企業が、業界のすべての領域で一番手になることはできない。それを試みようとすることさえ無理である」というセオドア・レビットの言葉は、かつてない重みを増している。世界は複雑化、多面化が進み、開発費が急騰する一方で、模倣コストは下がっている。シャーウィン・ウィリアムズのクリス・コナーは、「業界のリーダーを自認している私たちでさえ、当社の事業のあらゆる部分でイノベーションを起こし続けることはできない」と語る（＊20）。

そのため、イノベーターは自社の中核的な特性に焦点を絞り込まなければいけないが、それでも、模倣した要素と革新的な要素を斬新かつ創造的なやり方で再結合することはできる。模倣した要素と革新的な要素を組み合わせようとすれば、イノベーターの抵抗を受けることは間違いない。イノベーターたちは模倣を軽蔑しており、企業理念に反し、企業リーダーとしての

自負に傷をつけるものと見ている。しかし、模倣をイノベーションと同等のものとして受け入れない限り、「ここで発明したもの」にこだわるリスクやコストに縛られて、競争相手がイノベーションと模倣を融合させて勝利の方程式を確立するさまを指をくわえて眺めていることになってしまう。イノベーションと模倣を融合させること、それが「イモベーション」である。この手法はまだ完成していないが、IBMからアップルまで、さまざまな企業がすでにイモベーションを実践している。

イモベーションを実現するための第一のステップは、イノベーションと模倣の二つの活動に共通するプラットフォームを作ることである。ペプシコ元幹部のノウェルが認めるように、模倣とイノベーションはまったく違うもののように見えるかもしれないが、見た目ほどかけ離れてはいない。効率的なイノベーターになるために必要なスキルや能力は、効率的な模倣者になるために求められるものでもある[*21]。たとえば、イノベーターも模倣者も、新しい要素を既存のシステムに適応させて統合しなければならない。膨大な情報やデータを選定しなければならない。複雑な問題を解読しながら、関連性のある知識の断片を結合し直さなければならない。イノベーション活動も模倣活動も、社内外の新しい情報を素早く評価することが求められるし、複雑で、時につかみどころのない現実を理解しようとして、モデルを誤って単純化しないようにするアプローチをとることが必要になる。

イノベーターと模倣者の共通点はまだある。どちらも多面パズルの結合構造の全体像を見失うことなく、それを一つひとつのパーツに分解しなければならない。ビジネスの脈絡を正しく

読み取って、因果関係を掘り下げて分析しなければならないところも同じである。複数のモデルを適切に組み合わせて、自社の状況に適合させなければいけない点も、目まぐるしく変化する環境に合わせて臨機応変に対応しなければならない点も、変わらない。

模倣者は、たいてい広い探索網を持っている。これはイノベーターに対して重要な優位性になる。優れた模倣者は、自社と関係のない企業の動きをほぼリアルタイムで特定し分析することもできる。模倣者は膨大な外部の情報をモニターして評価する必要があるため、関連するデータを入念に調べ上げ、探索し、選定する能力を発達させている。物事を脈絡に落とし込む能力もそうだ。発明をビジネスのイノベーションに変えようとしているイノベーターも、これと同じ課題に直面している。

全体として、模倣者のほうが対応づけの問題にうまく対処している。これも発明者やパイオニアにとって重要な課題である。発明者やパイオニアは、自分が生み出したものに夢中になるあまり、発明の実用性や、発明が位置づけられる脈絡を見失いがちである。模倣者は自分のペースで動くというぜいたくは許されず、新しい課題や機会が現れたら、それをすぐに捉えて素早く対応しなければならない。そのため、模倣者、特にファストセカンドは、実践するスキルに秀でていることが多い。現代のようにイノベーションがいつ、どこから飛び出してもおかしくなく、さまざまな用途を次々に見つけ出す必要がある時代には、実践のスキルはイノベーターにとっても同じくらい大きな意味を持つ。

同時に模倣者は、イノベーターに求められる創造性と想像力を活かして、顧客の目を引くよ

り優れた、より安い製品を作ることができる。古代ローマ人のように、優れたお手本からインスピレーションを得て、独自の仕組みを築いていくような模倣である。そして最後に、模倣を効果的に阻止する障壁を築くことはイノベーターのほうが長けているが、模倣者もそうした障壁を克服する方法を見つける達人である。イノベーターと模倣者のスキルを組み合わせれば、競争相手が固めた防御を無力化しながら、他社の参入を阻止する、より効果的な壁を築けるようになる。

イモベーションを成功させるための一〇カ条

本書では、歴史の世界、科学と芸術の世界、そして、ビジネスの世界を探索してきた。その短い旅から得た主な教訓を要約した原則を、「イモベーションを成功させるための一〇カ条」として以下にまとめている。この一〇カ条は、過去と現在の模倣者の集合知であり、あなたとあなたの会社が模倣時代を生き抜くための指針になるだろう。

企業を取り巻く状況はそれぞれに異なるため、関連性がない原則もあれば、適応できないものもあるだろう。自らが置かれている状況や戦略上の課題を勘案して、独自の原則を付け加えることを強く勧めたい。それでも、この一〇カ条は、模倣のメリット、イノベーションとの関係性、模倣の形態と種類、模倣の基礎的な能力、戦略のレパートリーの概略を示したチェックリストになる。どうすれば模倣を支える企業文化を築き、模倣を戦略的なツールとして活用

し、イモベーターとして成功できるのか、その方法を再確認できるはずである。

第1条　車輪の再発明はするな

すでにあるものや、使い道がほとんどないものを発明するために、膨大な資源と労力を費やしている人や企業は世の中にあふれている。それ自体から、初期投資を超えるリターンが見込めそうであれば、なおさらである。しかし、主要な発明の大半が一度か二度発明されただけであること、そして、個人、社会、企業が取り残されないためには、どこか他のところで発明されたものを模倣するしかないことを思い出してほしい。

言い換えると、たくさんの車輪がすでに発明されているのだから、それをもう一度発明しようとするべきではない。むしろ、すでにある車輪よりも質が良いか安いバージョンを発明するか、他の技術と結合させて、有用なモデルや装置を作り出すか、風力発電機のような新しく有望な用途に応用するかするべきである。あなたがしなければならないことは、「ここで発明されたものではない」という組織にはびこる敵意を取り払い、「誇りを持って見つけ出したものである」という意識を吹き込むことである。環境が変化する可能性を考慮に入れて「見つけ出して応用する」というアプローチを取り入れるところまでいけば、もっと良い。

第2条　模倣を熱狂に変えろ

「イノベーションは熱狂を呼び起こすが、模倣は淡々と行われる」。ペプシコ元幹部のノウェ

ルのこの言葉は的を射ている(*22)。あなたがするべきことは、模倣を熱狂に変えることである。つまり、模倣につきまとうマイナスのイメージを取り払って、模倣を受け入れられやすくするだけでなく、イノベーションと同じくらいエキサイティングでファッショナブルなものにするのである。

模倣を正当に評価して、報酬を与えることは、この目標を達成するための大きな一歩となるが、真の熱狂を呼び起こすには、企業文化の変革を強く推進する必要がある。それには上層部が先頭に立ち、熱意を吹き込むしかない。組織のトップが模倣に対して戦略的なアプローチをとり、陣頭指揮する意味は大きい。そうすれば、取組みの成果が高まるばかりか、協力的な雰囲気も生まれ、社員たちは組織のために模倣の機会を積極的に捉えるようになる。

第3条　類人猿に倣え

生存に不利な形質を持つ類人猿が厳しい環境を生き残り、繁栄することができているのは、模倣能力があるからである。ビジネスというジャングルも状況はそれほど大きく違わない。それなのに、「イノベーションか死か」という大合唱に模倣の可能性が押しつぶされ、生物学から芸術に至るさまざまな領域で模倣者が成功しているという事実が覆い隠されてしまっている。

最も進んだ種である人間が模倣という活動の持つ高度な特性を理解していないことを嘆くより、競争相手が模倣や模倣の基礎的な能力が持つ価値を正しく理解していない現状をうまく利用して、模倣スキルを支える企業版ミラーニューロンを作るべきだ。そうして、模倣戦略を効

果的かつ創造的に展開して、競争相手を追い越すのである。

第４条　すぐに頭に思い浮かぶものを集めるな

ベンチマーキングやベストプラクティスが全盛の時代には、局所探索よりはむしろ、大域探索によって見出されるような機会を見失いやすい。絶好の機会を見逃してしまうことさえある。そうならないためには、自分のテリトリーの外に目を向け、地理的にも視野を広げること、小さくて目立たない企業だけでなく、失敗した企業も探すこと、そして、最近の出来事よりも過去の出来事から学ぶようにすることが求められる。そうすれば、商業化のモデルのストックが増えて、学習の成果を高めるのに役立つだろう。特に重要なのは、模倣者だけでなく、イノベーターも参照することだ。イノベーターがいるところには模倣者が必ずいること（それもたいてい一社以上いる）、イノベーターも、模倣者も、利益を創出していることを思い出してほしい。イモベーターとして成功したいのであれば、イノベーターと模倣者の両方に目を向けることが欠かせない。

第５条　物事の脈絡を読み取れ

私たちは誰もが、自らが置かれている環境の中で生存し、戦略を立て、事業を運営している。その環境から逃れることはできない。そのため、ある環境の中でうまくいっているものが別の環境でもうまくいくとは限らないということを、いつも頭に入れておく必要がある。同時

に、自らの環境と模倣対象の環境を区別しているものがあるとしたら何であるのか、それがある特定のモデルとの関連性、適応性にどのような意味を持ってくるのかを、サプライヤー、銀行、ベンチャーキャピタルなど、模倣の取組みを支える社外の人々に説明する責任もある。脈絡を理解せずに模倣するのは、地図も計器も見ないで飛行機を操縦するようなものである。視界が良ければ、最後には滑走路が見えるだろうが、そのときにはもう着陸態勢に入るには遅すぎるかもしれない。再着陸を試みて旋回中に燃料がなくなってしまう可能性もある。

第6条　ピースを正しく合わせろ

人間は最も高度な種かもしれないが、非常に複雑な問題を極端に単純化して、情報の負荷を減らそうという誘惑に常に駆られる。たとえば、相関関係を分析したら体系的な分析をしたと感じるかもしれないが、それは思い違いである。それでは真の模倣をするために必要な因果関係を解明するには遠く及ばない。

その落とし穴を避けて通るには、徹底的な分析をして、システムの関係性の根底にある組立て構造の全体像を見失うことなく、オリジナルとコピーの両方の個々の要素が持つ役割を一つひとつ明らかにしなければいけない。そうして初めて、対応づけの問題と向き合えるようになり、これを解決できるようになる。その際には、脈絡は動的なものであることを忘れてはならない。ビジネスシステム全体を模倣しようとしているときはもちろんだが、一つの要素だけを取り入れる場合も同じである。

第７条　タイミングがすべてではないと心得よ

タイミングは模倣の重要なポイントだが、答えを出さなければいけない問題は他にもある。模倣に対して戦略的なアプローチをとるのであれば、**どこの、誰の、何を、どのように**模倣するかということに答えを出すことも、同じくらい重要になってくる。模倣能力の欠如が多くの場合に問題になっているだけでなく、ほとんどすべての競争相手がまだ、レビットの言葉を借りれば、「まぐれ当たりであったり、偶然であったり、受け身だったり」する形で模倣に取り組んでいる。そうした集団と一線を画せば、競争で優位に立てる。そのためには、まず最初に、模倣は既存の要素に頼っているが、独自の価値を生み出す力があるということを認識する必要がある。そして、対応づけの問題を解決すると同時に、価値を生み出す独自のパッケージを作り出す戦略を綿密に練らなければいけない。

第８条　より価値の高い新製品を作れ

模倣者は、他者の才能や投資にただ乗りする悪魔のように言われることが多い。そのため、模倣には相応のコストやリスクがあることは忘れられがちである。模倣者はオリジナルよりも安いか質の良い新製品を送り出すだけでは足りない。リスクを調整したコスト効率の高いやり方でそれができるかどうかも、問題になってくる。模倣能力を高めれば、模倣を効率的かつ効果的に実行するインフラが整うため、模倣のコストやリスクが大きく下がるかもしれない。しかし模倣能力自体は、そもそもコストを削減するものでも、リスクを解消するものでもない。

この点からも、さまざまな模倣戦略が与える影響を評価することが大切になる。たとえば、ファストセカンド戦略をとるには模倣のスピードを加速させることが不可欠だが、そうするとコストが膨らむし、市場の選好がまだ確立されていない中でターゲットを見誤るリスクも高まる。

第9条 攻撃して防御せよ

模倣というゲームで成功するには、内部模倣も含めて、適切なモデルをうまく模倣すると同時に、自分たちが生み出したイノベーションや模倣の成果を他社に真似されないように、模倣を効果的に阻止することが求められる。ほとんどの企業が模倣をどう阻止するかということに重点を置いているが、模倣に対する防御を克服する方法を学べば、模倣する能力を磨けるばかりか、防御の効果も高められる。こう言うと、有罪判決を受けたハッカーを雇ってコンピューターのセキュリティー対策にあたらせるかのように聞こえるが、それは模倣に間違った負のイメージがつきまとっているからだ。攻撃と防御を切り離すことができないのは、模倣だろうと、他の事業活動だろうと変わらない。

第10条 イノベートして、イミテートして、イモベートせよ

これまでに見てきたように、主立った模倣のモデルの多くも、それ自体が模倣から生まれている。複数の他社の投入要素を取り入れて、それを結合させている。こうした企業が他社に模

倣されている主な理由は、目に見える成果を生み出していることである。しかし、そうした成果が出ているのは、多くの場合、他社から借り入れた要素を独自性のある低コストのパッケージにまとめ、それを継続的に改善してきたからだと考えられる。

こうしたイモベーターたちが模倣とイノベーションを融合させて競争優位を構築するまでには時間がかかっている。そのため、一夜にして結果が出ることを期待してはならない。私たちが今話している変化は、困難を伴う抜本的な変化である。しかし、これを避けて通ることはできないだろう。既存の文化と相いれず、特定の社会階層の利益に反するからという理由で、重要な技術を放棄する時代は終わっている。そんな時代に戻ることはもうない。だからこそ、今すぐ行動を起こさなければいけないのである。

Corporate Japan's Imovation

特別寄稿

日本企業のイモベーション

井上達彦／オーデッド・シェンカー

冷静に考えれば、真似をしている時期の企業は競争力も強い。逆に他社が真似をしているところこぼす側は落ち目であることが多い。

——加護野忠男（＊1）

イノベーターや発明家と呼ばれて喜ぶ人は多いだろうが、イミテーターや模倣家と評されて喜ぶ人は少ないはずだ。発想の独自性が重んじられるアメリカにおいてはなおさらで、一般的には「コピーキャット（copycat）」という言葉には、多少なりともネガティブな意味合いが込められることが多い。

それにもかかわらず、英語版の原著はタイトルとして『コピーキャット（*Copycats*）』を堂々と掲げ、模倣の効用について正面から説いている。経営学についての書籍は数多くあるが、これはとても珍しいことである。

模倣が嫌われる理由はいくつかある。一つは、倫理的な問題だ。たとえ当事者から見て低コスト・低リスクで一定のリターンが期待できるとしても、そのコストやリスクは別の誰かが担ってくれているわけだ。「ただ乗り」したほうはよいかもしれないが、されたほうはたまったものではない。

また、同質化を促すという問題も見逃せない。同じような製品・サービスを同じ売り方で同じ顧客層に提供しても、価格競争を引き起こすだけである。競合他者や供給業者の利益率を下げるという意味で、業界関係者にとってはいい迷惑なのである。

もちろん、これは一面的な捉え方である。「ただ乗り」と言うと響きが悪いが、他社の成功や失敗から学ぶこと自体は褒められるべきことであろう。模倣があるからこそ、重複投資を防ぎ、開発されたものを効率的に共有できる。また、同質化にしても、良いものがより安い価格で社会に普及するという側面もある（*2）。

しかし本書『コピーキャット』は、こういった「良い面もあれば悪い面もある」というような歯切れの悪い議論にとどまるものではない。模倣の功罪という二面性を超えて、「模倣がイノベーションを引き起こす」とも主張しているのである。

ここでは、身近な日本企業を題材にして、本書で解説されてきた模倣ベースのイノベーショ

ンへの理解を深めていきたい。そして、日本企業が有する模倣能力を見直すことで、今後の日本企業の競争力を高めるためのヒントを得ることにしよう。

模倣ベースのイノベーション

模倣とイノベーションというのは、遠くて近い言葉である。本書の第1章でも、両者の関係について次のように言い表されている。

「本書を読み進むうちに、黒と白の対立する二つの色で見えていた模倣とイノベーションが、相補性や相乗効果を持つさまざまな色合いで見えてくるようになるだろう。模倣はイノベーションを妨げるものではない。イノベーションを成功させる原動力なのである」（二〇ページ）

確かに、画期的、独創的といわれる製品やサービスの多くも、その誕生過程には模倣のプロセスがあるものだ。

日本においても、技術でまだ立ち後れていた時代は、まずは優れた製品やサービスを模倣することから始めていた。たくさんの企業が、模倣に対して積極的であったし、その中には、すでにある完成品と寸法をまったく違えずに部品から作り込む「デッドコピー」に前向きに取り

組むものもあった。

キヤノンも、創業間もないときは名機と呼ばれるものを隅から隅までデッドコピーしていたそうだ。かつてキヤノンで研究開発に従事していた酒巻久氏（現キヤノン電子社長）によれば、デッドコピーによって、その製品を開発した人の設計思想を感じ、自分のものにできるという（*3）。製品には開発者の人間性が宿っており、一流のものほど単純で美しい。逆に、三流のものほど我流で複雑な設計をしているそうだ。それゆえ、名人の「設計の極意」を会得するためにも、名機をデッドコピーしたというわけだ。

興味深いのは、このような模倣は、特許においても成り立つという点だ。酒巻氏はキヤノン在籍中に五六〇件の特許を取得したという実績を持つ。複写機業界の巨人、米ゼロックス社に立ち向かったときも、同社の中核特許を二〇ほど選び、一字一句違わぬほど丸暗記したそうだ。良い特許というのは優れた製品設計と同じような美しさがある。そして、このような特許ほど簡潔明瞭でありながら、それでいて適用範囲が広く、競合もなかなか突破できない。酒巻氏は模倣を重ねるうちに、他社を困らせる、手強い特許を申請できるようになったという。

「真似は人間的な成長をもたらしてくれます。真似て学ぶからこそ、新しいものを生み出せる。『真似はイノベーションの母』なんですね」（酒巻氏）（*4）

サービス業も同じである。ニトリホールディングスの創業者であり社長である似鳥昭雄氏は

「発明は模倣の集積だ」と言う。ニトリは、「お、ねだん以上」で知られる優れたコストパフォーマンスを実現した家具とインテリアのチェーン店で、日本で初めてトータルコーディネートという発想を持ち込んだイノベーターである(*5)。

ニトリがお手本にした模倣対象はいくつもあるが、現在の事業の礎を築いたものとして二つ挙げられる。その一つが、アメリカのチェーンストアである。似鳥氏が視察した当時、アメリカではすでに一〇〇店舗を超えるチェーンストアのオペレーションが実現していた。また、商品価格は日本の三分の一程度に抑えられ、トータルコーディネートについても一歩先んじていた。

そこで、価格を下げつつも一貫したコーディネートを実現するために、自らの手で家具の企画・製造を行うことにした。アメリカ並みの価格を実現するために海外に自社工場を持つことにしたのである。

しかし、海外生産ともなれば品質管理を徹底させなければならない。ニトリは、もう一つのお手本として、品質管理が進んでいる自動車メーカーにその手法を倣うことにする。材料については、問題が生じてから対応するのではなく、高性能な検査機械を導入して事前にチェックし、それぞれの工程ごとに検査するようにした。製造においても完成後のバラツキをなくし、検品・検質・検量を不要にした。

このようにしてニトリは、家具業界において類を見ない低価格・高品質のバリューイノベーションを実現した。「お、ねだん以上」の仕組みは、すべてゼロから作られたものではない。

模倣を有効な手段として活用して生み出されたものなのである。

知的な模倣の作法

模倣には高度な知性が必要とされる。本書でも紹介されていたように、模倣する能力というのは人類だけに与えられた特別な能力である。動物は、擬態や刷込みなどによって形を複写したり猿真似したりすることはできるが、直接観察できない行動や、大局的かつ体系的に観察しなければ、複写できないような行動を模倣することはできない。人にしかなしえない知的な模倣（imitation）は、単純な猿真似（ape）とは区別すべきである。

本書では、イノベーションのカギとなる模倣能力は、模倣の六つのプロセスから捉えられ、互いに補完し合うものとして提示されている。

・模倣の心構えを万全とする（getting ready）
・模倣対象を参照する（referencing）
・情報を探索し、標定し、選択する（searching, spotting, and sorting）
・対象の脈絡を理解し、自らに適用する（contextualizing）
・対象に深く潜り込む（deep diving）
・模倣を実践する（implementing）

日本でも、模倣が上手な企業はそれぞれのステップの勘所をわきまえている。模倣に長けた企業からその作法についてのコメントを拾い出し、そこから教訓を引き出したい。

模倣の心構えを万全とする

まず、心構えについて言えば、模倣に対してしっかりと向き合おうとしないという態度を改める必要がある。先述の似鳥昭雄氏も、「我流は駄目だ、生きている時間が少ないから。先例から教訓を学ぶ」と言う。

考えてみれば、かつて戦後の復興期、日本企業は意識的に謙虚になる必要はなかった。欧米が進んでいたことを素直に認めていたし、憧れもあった。ところが、一九九〇年に差しかかる頃、ジャパン・アズ・ナンバーワンともてはやされて以来、日本企業におごりが見え始めた。日本は意識的に謙虚にならなければ、模倣を通じたイノベーションを引き起こせなくなった。はたして日本企業は、インド、中国、台湾、韓国らの企業が引き起こしているバリューイノベーションに素直に倣おうとしているのだろうか。

もちろん、謙虚になれというのは、何も自らを過小評価することではない。日本の技術や現場力は世界的にもトップクラスである。むしろ、競合の長所から目を背けることなく、自他の長所と短所を冷静に直視して、倣うべきところは倣うということだ。

模倣対象を参照する

次に、模倣対象としては、遠い世界から意外なお手本を探す（beyond the usual suspects）のが大切だ（*6）。日本にも、遠い世界や意外なお手本を参照して、イノベーションを引き起こした企業は数多くある。

トヨタ生産システムが、スーパーマーケットからヒントを得て生まれたことをご存じだろうか。トヨタ生産システムの生みの親である大野耐一氏は、アメリカのスーパーマーケットの仕組みを人づてに聞き、それを自らがめざすべき「ジャスト・イン・タイム」の生産システムに応用できると考えた（*7）。

大野氏のイノベーションは、模倣から生まれた逆転の発想にある。自動車というのは、材料が加工されて部品になり、その部品が組み合わさってユニットとなり、そのユニットを組み立てて出来上がっていく。従来は、生産の流れというものは、前工程が後工程に部品を供給するという発想で形作られていたが、大野氏はこの流れを逆転させた。同じものを計画的に大量生産するときは押し出す方式でよかったのだが、違うものを少しずつ生産するためには引っ張る方式が適切だと考えられたのである。すなわち、必要なものを必要なときに必要なだけ、引きに行くことにしたのである。こうすれば、購買者は不要なものまで引き取らなくてよいし、供給者は引き取られた分だけ作ればよいことになる。

クロネコヤマトの宅急便のアイディアが、牛丼の吉野家から生まれたという話も有名である。宅急便を立ち上げた小倉昌男氏は、当時、牛丼一筋に絞り込んで成長してきた吉野家を見

て、「取り扱う荷物の絞り込み」というアイディアを思いついた(*8)。

模倣の達人たちは、常に自分の事業を意識することで意外なお手本からヒントを得ている。心理学者のミハイ・チクセントミハイは、人は没入していれば仕事でも楽しいと感じるものだと言っている(*9)。日本人は昔から、仕事と遊びとを明確に区分しない傾向にある。これを突き詰めて仕事を楽しんで没入できれば、自らの問題を常に感じ、普段の生活においても意外なモデルを見出すことができるのかもしれない。

情報を探索し、標定し、選択する

参照するモデルが定まれば、そこに何を倣うかの選択が問題になる。駄目なものを捨てるにしても、必ずしも何が駄目なのかはわからない。逆説的だが、「これは良い」とつまみ食いしたものがうまくいかなかったり、脈絡が違うからうまくいかないと拒んだものが必要とされたりもする。「過去の自分の経験で判断するとそういうことが起きる」と似鳥氏は言う。

それゆえ最初は、これは良いけどこれは駄目だとえり好みするのではなく、徹底的に真似をするということも大切だ。似鳥氏は、「良いと思ったものがあればすべて丸呑みして徹底的に真似をして、どうしても消化できなかったものだけ吐き出せばいい。出して足りなくなった分だけ、日本のものを入れてみればいい」(*10)と言う。

もちろん、オペレーションであれば探索と選択を体系的に行うこともできる。福井県のドラッグストアのゲンキーは、試行錯誤の末、軸足を定めて定点観察をするという方法を確立し

た。社長の藤永賢一氏は、「視察するのは一〇万人以下の商圏人口で展開しているチェーンだけ。高級食材を扱うグルメスーパーのように都会でしか成り立たない店は参考にならない。局地戦をする気はないので、地場の競合店も対象外。それぞれの商品について日本で一番、または中部地区で一番売っている店を選んで、定点観測する」（*11）と言う。

対象の脈絡を理解し深く潜り込む

情報を集めるときにも注意が必要だ。深く潜り込まなければ成功要因を浮き彫りにすることができない。似鳥氏の場合、まず、見えている部分のみならず、直接見えない部分も観察して模倣するために、多面的に観察するそうだ。「物事はすべて立体で、四次元で表さないと本質というのはわからない。一枚の絵を見たときに、その絵の奥行きはもちろん、その世界の空気や温度や時代背景までも観察する」（*12）と言う。本書でも、「多面パズルの結合構造を一つひとつのパーツに分解する能力」（一八ページ）が大切だと述べられている。

また似鳥氏は、模倣にも順番があって、その順序を心得ることも大切だと言う。「まず山があって森がある。森を作って木を作って枝と葉っぱとなる。そういう順序を心得なければ成功しない」。家具でいえば、「食器棚はどうするという単品レベルの模倣は枝葉にあたる。やはり、ホームファッションという生活の場についての発想が必要である。そのうえでどのようなスタイルがあるかという選択がある。色や機能というのはその後に来る」（*13）ということだ。

この点は、「さまざまな部品が、相互作用も含めて全体のシステムにどのように組み込まれ

ているか」（本書、一三二ページ）というアーキテクチャーの知識に対応していて興味深い。

模倣を実践する

実践にあたって留意すべきは、模倣が定まったプロセスで進行していくとは限らないという点だ。ニトリのように「まず飲み込んでみる」という試行的な実践が先立つこともあれば、実践しながら観察するという同時進行型というものもある。

たとえば、ＱＲ（クイックレスポンス）と呼ばれる製販統合の仕組みをアメリカのギャップやザ・リミテッドから模倣するとき、アパレルメーカーのワールドは、実験的なブランドで小売業の地理感をつかんでから、小売りの統合を進めている。旧来の卸売り事業から小売りの新業態事業を隔離して、思う存分実践できる環境を整え、新ブランドで成果をあげていったのである。

実践の経験がなければ、なぜ成功したのか、あるいはなぜ失敗したのかについての洞察も浅くなる。特に、模倣しながら自らの製品や事業の仕組みを作り替えていくときは、実際に自分で試してみなければ、深い理解には至らない。

イモベーションに向けた日本の知恵

実践の大切さについては、日本特有の模倣の作法ともかかわる。日本企業は、元来、模倣が

得意だともいわれる。それは、そもそも日本で発達した学び方が、「まずはやってみる」という実践ベースの模倣に根差したものであること、また一つには、集団で倣い合うという相互に学習する知恵を有しているからだと考えられる。

教え込み型と滲み込み型

日本で発達した学び方を考えるうえで、興味深い研究がある。心理学者の東洋《あずまひろし》氏らの積み木を用いた実験によれば、日米の母親の間に歴然とした差が見られたと報告されている(＊14)。アメリカの母親は子どもに教え込んで習わせるのに対して、日本の母親は子どもに対して模範をやってみせて倣わせるのだ。

実験内容は単純で、「四歳の子どもを持つ日本とアメリカの母親に、たくさんの積み木を特定の形や特徴の組合せで分類する仕事を覚えてもらい、それを自分の子どもに教えるように求め、その教え方をビデオに記録した」(＊15)というものである。

このときのアメリカの母親はというと、積み木の形や特徴を言葉で確認しながら仕分け方を教えるそうだ。きわめて分析的かつ体系的なアプローチである。これに対して日本の母親は、言葉で教える前に、まず自分でやってみせるという。「さあ、こうやって分けるのよ、よく見てなさい」と言って分けてみせ、元どおり交ざった状態に戻して「じゃ、やってごらん」と言う(＊16)。そして、子どもに同じようにやるように促し、できれば褒めて、できなければ再び自らが手本になって示す。

アメリカ型の学習は、教える者と教えられる者との役割分担がある。つまり、母親が教える側と教えられる側を明確に区別して権威を持って子どもに受け入れさせるのだ。東氏は、アメリカの習わせ方を「教え込み型」（Instruction model）と名づけた。

一方、日本の母親は学んでほしいという思いを子どもに滲み込ませる。「環境が整ってよいモデルがあれば子どもは自然に学ぶ」と考えるわけだ。東氏は、アメリカの学び方と対比させ、日本の倣わせ方を「滲み込み型」（Osmosis model）と命名した。

さて、どちらの学び方のほうが効率が良いのだろうか。実験の結果、アメリカの教え込み型と日本の滲み込み型とでは、子どもが課題を達成するまでに要する時間は、ほとんど同じであることがわかった。効率に差がないということは完成度の高さは等しいということを意味する。

模倣困難な仕組みを倣い合う

日本で生まれ育った人たちが、模範を見せて倣わせるという学び方に長けているとすれば、模倣をベースにしたイノベーションをもっと追求してもよいはずである。実際、このような学び方を活用している組織や団体もある

その最たる団体が、ＮＰＳ（The New Production System）研究会である（＊17）。この研究会は、トヨタ生産方式を源流とするモノづくりの思想と技術をさまざまな業種にも広めることによって日本の製造業を支えることを使命とする団体である。

この研究会は、トヨタ生産システムの生みの親である大野耐一氏や、その愛弟子である鈴村

喜久男氏の直接の指導を受けながら、一業種一社の業際集団として発展してきた。二〇一二年九月現在では、正会員四一社、準会員九社から成り、その売上げを総計すると二兆八〇〇〇億円にも達する。

トヨタ生産システムというのは、同業他社にとって模倣するのがきわめて難しいという仕組みで有名である。なぜなら、トヨタ生産システムは、一つひとつの工夫に還元できないトータルな仕組みであり、「カンバン」や「あんどん」といった個々の要素だけを真似てもうまくいかないからである。しかも、その仕組みを支える思想や哲学が徹底している。「無駄」をなくすといえば簡単に聞こえるが、トヨタ流の無駄取りをするには、その思想の奥深くまで立ち入らなければ会得しえないのだ。

ところが、NPS研究会の参加企業は、トヨタ生産システムの模倣に成功しているという。キッチンメーカーであろうが、食品メーカーであろうが、「材料を買って、加工して、お客さんに提供している」という原点に返り、自らをトヨタとは違わぬ製造業だと考えている。同研究会の推進室長である川崎享氏によれば、「ヒントはお互いにあるわけですから、『あのやり方や使い方を自分の会社でもやってみよう』と会社の規模の大小を問わず、イノベーションを生み出しています」(*18)という。

それでは、NPS研究会はどのようにして、異業種にまでトヨタ生産システムの思想と方法を移転させたのか。

この研究会を立ち上げたのは、元ウシオ電機社長の木下幹彌《みきや》氏（現NPS研究会代表）であ

る。木下氏は、自著『モノづくりの経営思想』において、複雑な仕組みを相互に模倣し合うための、日本独特とも言える知恵や工夫について語っている。

①一業種一社

まず、NPS研究会では、一つの業界から一つの企業しか参加させないと決めている。せっかく研究会に、トヨタ生産システムを学びたいという会社が集まっても、互いにライバル関係にあると存分に学ぶことはできない。自らは情報を出したくないが、相手からは情報を引き出したい、という厄介な状況に陥るからだ。

一業種一社を貫くことによって、この状況を回避できる。競合となる同業者に気兼ねすることなく、「お互いの会社のすみずみまで見せ合って、長所を学び合うことができる」(*19)ようになるのだ。

②理念の共有と、共通の言葉

もちろん、いくら競合しないといっても、仲間意識がなければ本音をさらけ出して学び合うのは難しい。NPS研究会では、志が同じであるかどうかのチェックが厳しく行われる。噂を耳にして「ぜひ入会したい」と懇願する経営者がいても、モノづくりに対する志が同じでなければ入会を認めない。

志が同じであれば、理念を共有して通じ合える。NPSにはトヨタ生産システムをルーツとする独特の言い回しや用語がある(たとえば、「在庫《ざいこ》」は罪の子と書いて「罪子《ざいこ》」と表現する。その心は、すべての問題を覆い隠してしまう諸悪の根源ということだ)。「最初はNPS用語が何のことだ

かわからなかった」と言うメンバーも、一人前になるにつれて同じ言葉を使うようになる。背後にある「思想」を共有してNPS研究会の共通語を用いるからこそ、互いに模倣し合って学び合えるわけである。

③トップと現場のコミット

さらに、NPS研究会では、トップと現場のコミットを加入の条件としている。このようなコミットは、それ自体が重要であることは言うまでもない。せっかく研究会でトヨタ生産システムの本質を学んだとしても、それを持ち帰って発揮できなければ意味がないからだ。トップが率先して、現場が心の底から納得しなければ前に進まない。

しかしそれ以前に、しっかりと学ぶためには、実際にやってみなければ話にならないという面もある。

そもそも生産システムの変革というのは、理解して持ち帰って実践するというようなプロセスで成し遂げられるものではない。実際に、現場でラインを変えながら習得していくものである。いくら観察学習を重ねても、自ら実践する機会がなければ、本当の意味でわかったことにはならない。

それゆえNPSでは、トップのコミットが得られない会社は会員にしない。過去に、トップがNPSの活動に前向きになれない会社に対して、トップの変更を条件に入会を認めたというケースすらある。

④互いに学び合う場作り

最後の工夫は、互いに学び合う場作りをするというものだ。トップがコミットして、情報を包み隠さず開示する覚悟があっても、学び合う場がなければ相互学習は進まない。

NPSの場合、理事会、幹事会、実践リーダー会という会合が月に一度開催され、それぞれのレベルで場作りが行われている。理事会は会社のトップが集まり、幹事会にはその補佐をする経営幹部が集まって経営の進捗状況が相互に報告されている。一方、実践リーダー会には現場の担当者が集まって、改善の事例が徹底的に討論されている。

実践リーダー会の下には、巡回研究会、設備研究所、物流研究会といったさまざまな自主研究会が組織されている。その中でも活発なのが巡回研究会で、いろいろな会員会社を会場会社にして巡回しながら、自社の改善結果を合宿形式で報告することになっている。当番の会社は、他社の実践リーダーたちに見られても恥ずかしくないように必死に取り組むことになる。指導する立場にある実践委員も、一緒に手本を示しながら取り組んでくれるそうだ。

経験学習と代理学習の組合せ

NPSの工夫は組織学習の理論から観ても興味深い。模倣ベースでありながら、模倣を超えた相互学習形態であるからだ。

一般に、模倣というのは代理学習（vicarious learning）、あるいは観察学習（observation learning）と呼ばれる学習形態とほぼ等しいと考えられている。代理学習は、低リスク・低コ

ストで他社の行動を通じて学ぶというもので、多様な観察を通じて他社の失敗や成功から、幅広く学べるという長所がある。

しかし、その一方で、自らが体験しているわけではないので学びの深さには限りがある。学んだつもりでわかっていないこともあるし、学んだ内容も時とともに風化しやすい(*20)。単純に代理学習を重ねるだけでは、表面的な猿真似に終始して物事の本質を見誤ったり、脈絡を無視しておかしな模倣をしてしまったりすることもある。

このような短所を補うのが、経験学習である。経験学習の長短は代理学習のそれの裏返しである。つまり、自らがリスクをとるわけだから、たくさんの試行ができず、学びの幅は狭くなってしまう。しかし、自分で経験した分だけ学びが深くなるので、代理学習を補うことができる(*21)。

NPSにおいて行われているのは、相互模倣といっても単純な代理学習ではない。もちろん、単純な経験学習でもない。経験のある（あるいは経験できる）人たちが集まった、代理学習なのである。しかも成功だけではなく失敗についても、つぶさに観察したり経験したりできる。

推進室長の川崎氏は、「机上の空論でなく、自分たちでやってみて生じた不具合などを、バイアスなしで聞くことができるため、本当の生きた情報を得ることができる」(*22)と言う。

自らの経験があれば、観察の質は格段に上がる。これまで見過ごしてきた盲点のようなもの、やってみなければわからないコツのようなものまで拾い出せるようになる。「神は細部に宿る」ともいわれるが、その細部から本質をたぐり寄せ、完全な模倣を行うことができるよう

になる。ＮＰＳ研究会が培ってきた学習形態は、経験学習と代理学習の長所を高いレベルで両立させたものである。このような場があるからこそ、学習も絶え間なく継続すると代表の木下氏は述べる。

「どんな優秀な現場リーダーであっても異業種の改善現場を回ってみれば、自分が『井の中の蛙』であると思い知らされ、己を知る貴重な機会となるでしょう。そこから本当の『自己啓発』と『自己研鑽』が始まるのです」（＊23）

日本における集団模倣の可能性

永続的な学習を促すＮＰＳ研究会から私たちは何を学べるのか。その模倣の工夫を抽象化すると次のようになる。

①競合しない人たちを集める。
②理念を共有し、共通語を用いる。
③互いに学び合う場作りを行う。
④実践の場を有し、責任を持って遂行できるようにする。

このような工夫は、実は、NPS研究会に限ったものではない。日本でとてもなじみのある集団学習の形態であることがわかる。

そもそも、NPS研究会の学習形態は、トヨタ自動車の「自主研究会」（通称・自主研）をルーツにしたものだ。

トヨタの自主研というのは、トヨタと直接取引のある一次サプライヤーの中から特に能力の高い企業を集め、トヨタ生産方式を現場で無限に改善していくための研究会だ。メンバーは自らの生産現場を実地の「教室」として、持ち回りで提供する。週に一～二回という高い頻度で集まって、改善案が試されている。

この自主研においても、構成メンバーが慎重に選ばれている。同じトヨタのサプライヤーとはいえ互いに厳しい競争にさらされており、同業者に機密を見せるわけにはいかない。それゆえ、互いに競合しないように、製品面はもちろん、技術面でも遠いサプライヤーが集められている。分科会も、機械加工品メーカー、電子部品メーカー、射出成形メーカーが混在する形で成り立つ（＊24）。

ネットワーク理論と経営学を研究する一橋大学の西口敏宏教授は、この学習形態が知識創造をもたらすという。

「専門性が『遠く』かけ離れていると、同じトヨタ生産方式とはいえ、その原理を実地に応用する際に、一見、別物と映るさまざまな現象の底に共通性を見出し、普遍的な次元で適

用するために、より高次の抽象化能力と実践力が試されることになり、一段と『知識創造』の成果があがったことは想像に難くない」(＊25)

製造業における系列だけではない。日本では、フランチャイズビジネスであっても、互いに競合しない加盟店の同志で自主研が行われることもある。

たとえばKUMONでは、指導者たちが教材の使い方を熟知し、指導力を高めるために、各地で「自主研究会」という制度を設けている(＊26)。自主研とは、KUMONらしい指導のあり方を深め、KUMONの指導の可能性を追求するために、指導者たちが自主的に参加する研究組織である。

ある自主研は、二学年、三学年先の内容に進んでいけるための指導法について探求し、別の自主研は、障害児向けの指導法について探求している。その中に、「生徒から学ぶ」というコンセプトで、教材と指導法への理解を深めている自主研もある。

この自主研では、それぞれの教室からモニター生徒を出し合い、その生徒の学習状態や進度を他の教室の指導者たちにガラス張りにして意見を求める。自分の生徒と指導をガラス張りにするということは、自分の財布の中身を見せることに等しい。それでも、より良い指導のためにモニター生徒の指導の詳細を開示して、侃々諤々《かんかんがくがく》の議論が行われる。

その熱気には目を見張るものがある。本部から教材を開発しているベテランの局員も参加することもあり、一人ひとりの答案をプロジェクターに映し出し、指導の進捗について共有され

る。参加している指導者が、教材の特性をよりきめ細かく理解しようと、まさに「あ・うんの呼吸」で通じ合い、助言し合う。互いの豊かな経験から当事者が気づかないような見解も飛び出し、教材への理解、指導への理解がますます深まる。

ＫＵＭＯＮにおいてこのような学び合いが可能なのは、教材が共通言語としてコミュニケーションのベースになっているからである。教材が標準化されているおかげで、教材そのものではなく、教材の使い方やその脈絡や子どもについての情報交換が可能になる。実際、「あの子がＤ１０６教材でつまずいた」と言うだけで、「三桁割る二桁の割り算をメモせずに解くのが難しい」ということが一瞬で伝わる。教材が標準化されているからこそ、指導者が集まるコミュニティで話題になったとき、瞬時に問題が理解され、それを解決する助言が返ってくるわけである。

考えてみれば日本の大学にも似たような制度がある。アメリカやイギリスには存在しないゼミナールだ。ゼミは、まさに自分の研究を有しつつ他のメンバーを模倣することによって成り立っている。先輩や同期の成功や失敗を、自らの経験と照らし合わせて代理学習しているわけである。日本の技能を支える徒弟制度もそうであるし、芸術家を育ててきた環境もゼミや自主研の学び方に通じる点は多い（＊27）。

私たちには、現場の実践をベースに、謙虚に他者に倣うという学習スタイルがある。実践と模倣に長けた日本人だからこそなしうる学習である。日本企業もいま一度、自分たちの強みとする学び方を問い直し、模倣ベースのイノベーションを追求してもよいように思われる。模倣

にはさまざまな可能性が秘められているのだ。

column

生物模倣

本書では「イノベーションは模倣から」ということが何度も強調されているが、勘の良い読者であれば、最初のイノベーションはどのようにして生まれたのかと疑問に思うはずだ。

盗む相手がいない時代のイノベーターはどうしていたのか。模倣がイノベーションを引き起こすといっても、モデルがない場合はどうすればよいのか。トヨタの原型はフォード、フォードの原型は、とルーツをたどっていくと、最後にはオリジナルにたどり着く。そして、オリジナルの発想はどこから生まれたのかという疑問が生まれる。

一つの答えは自然界にある。飛行機のお手本は言うまでもなく、鳥にある。もちろん、鳥が飛び立つ瞬間をそのまま真似て羽根を羽ばたかせようと

しても、人間は飛ぶことはできない。同じ鳥でも、風に乗って安定的に飛行する姿をモデルにすべきであろう。ドイツのオットー・リリエンタールはコウノトリをお手本にグライダーを考案し、飛行実験を繰り返したそうだ。ライト兄弟は、ハゲワシを観察して抗力と揚力のヒントを得て飛行機を飛ばすことに成功した。

最近は自然界からの模倣も高度になってきている。生物模倣、あるいはバイオミミクリーといって、工業製品を開発・設計するときに、生物の性質、構造、機能を模倣して役立てているのだ。

たとえば、日本が誇る新幹線５００系の先頭車両の流線型のデザインは、カワセミに倣ったものだ。新幹線が高速でトンネルに突入すると、きわめて高い空気圧がかかり「ドーン」という騒音を周囲にまき散らしてしまう。これを避けるにはトンネル通過のたびに速度を落とす必要があるが、その分だけ運行時間が延びてしまう。カワセミは水中の魚を捕獲するために高速で飛び込むのだが、水しぶきがとても少ない。この形を参考にすれば、抵抗を最小化して騒音を減らすことができるというわけだ。

５００系がお手本にしたのはカワセミだけではない。パンタグラフの空気抵抗を和らげるためにフクロウの風切羽も参考にしている。フクロウは他の鳥と比べて、静かに飛行して獲物を捕獲することができる。素人の発想だ

と、さぞかし滑らかな形状になっているのだろうと思ってしまうが、実際はその逆である。羽の先端はギザギザで、小さな渦巻き流を引き起こしている。この渦巻き流が空気の乱れを抑えるそうだ。新幹線のパンタグラフにも小さな突起物を付けることで小さな渦巻き流を引き起こし、空気の流れを円滑にしたという。

このような模倣は枚挙にいとまがない。たとえばシャープは、強い乱気流の中でも安定して飛ぶことができるイヌワシの羽や、数万キロも飛び続けることができるアホウドリの羽を解析して、空気抵抗を減らす形状を見出した。シャープは、この形状をエアコンの室外機のファンに役立てている。空気抵抗がなくなることによって省エネ化が実現するとともに、ファンの騒音も少なくなったそうである。

日東電工も壁や天井を自在に歩くヤモリの足にヒントを得て、「ヤモリテープ」という先進的なテープを開発している。その秘密はこうだ。窓ガラスなどの表面は滑らかに見えても、ミクロン単位で見ると無数の凸凹がある。ヤモリがこのような面に垂直でも逆さでもくっついて歩けるのは、足にタンパク質の繊維が無数(二〇億本/平方センチメートル)に生えていて、それが壁や天井の凸凹にすき間なく入り込むからである。カーボンナノチューブの技術を活用すれば、ヤモリの足のような繊維を実現できる。「接

着剤のように張りついて簡単にはがせる。接着面も汚れない」という画期的なテープとなるわけだ。

解析技術の高まりとともに模倣能力も高まり、製品化のための基礎技術の高まりとともに遠い自然の世界に倣うことができる範囲が広がっている。高い技術のベースがあるからこそ、模倣によるイノベーションも促されるのである（*28）。

原著あとがき

本書のルーツは、時を大きくさかのぼる。すべての赤ん坊がそうであるように、私も模倣を通じてコミュニケーションのしかたを学び、基本的なスキルを身につけたにちがいない。そして大きくなると、模倣することによって、社会的な規範や道徳観を習得したはずである。大人になってからは、模倣にはたいてい大きな見返りがあるのだということを、身をもって学んでいる。学者に成りたての頃の話だが、学会の会議があったとき、元クラスメートが私のところにやってきて、私がどんな研究に取り組んでいるのか聞いてきた。私は進んで研究のアイディアを明かし、調査の結果や実証分析の青写真を、データの出所も含めて教えた。それからほどなくして、彼のコピー論文が活字になっているのを目にした。結局、そのコピー論文は彼の学者としてのキャリアの基礎を築くものとなり、今では都会の有名な大学の中心人物になっている。それから、齢を重ね、望むらくは賢くなりたい私は、他の学者たちと同じように、イノベーションに関心を持つようになった。イノベーションは模倣の兄弟だが、模倣よりも高く評価されていて、ビジネスの重要な概念のほぼすべてに浸透しているように思われた。私が模倣の重要性に気づいたのは、イノベーションに対する興味と中国を結びつけたときだった。私は中国の研究をライフワークにしていて、中国は急速に模倣のメッカになりつつあった。しかし、この問題のデリケートさを知ったのも、このときである。実際に、拙著『中国の世紀

（The Chinese Century）』の中国語版からは、知的所有権の侵害を論じた章が丸ごと削られている。私は核心に触れていたのだということを悟った。

実務家としての私の人生においても、模倣はあらゆるところに存在した。大小の企業と仕事をしてきたが、今になって考えれば、どの課題でも、何かしらの形で、模倣と、模倣と相矛盾するとされるイノベーションが結びついていた。しかし、当時の私は二つの点を結びつけていなかった。新興企業は、私がアプローチしたベンチャーキャピタリストや戦略的パートナーに、自分たちは何か新しいことをしているのだと訴えるが、ビジネスのコンセプトの実行可能性に話が及ぶと、うまくいっているモデルを模倣していたことがたいてい浮き彫りになる。私が助言した大企業は、競争相手がなぜ成功しているのか、その理由を探り当てることには熱心だったが、自分たちが誰かを模倣していることは認めたがらなかった。その企業が模倣していること、あるいは模倣しなければならないことが明らかなときでさえそうだった。「わが社は革新的な会社です」。企業幹部はいつもそう言った。自分たちが模倣していることを指摘されると、戸惑い、動揺していた。模倣は、合理的で収益性が高いとまでは言わないが、正当なやり方なのだという前提を疑い続けてもいた。本書は、そうした固定観念を覆えそうとするものである。

模倣について書かれている本の中に、インスピレーションに言及している箇所がたくさんあって、驚かれたかもしれない。しかし、これは本書のメッセージの一端にすぎない。私が本書で伝えたかったのは、模倣という概念に命を吹き込んだ数多くの人々から私が受けたインス

ピレーションである。生物学やニューロサイエンスといった、経営学、経済学から遠く離れたところにある学問領域の学者たち、貴重な時間を割いてデリケートな問題について語ってくれた企業幹部以外にも、人と違うことをしようという私の試みを、さまざまな人に大きく支えてもらった。オハイオ州立大学フィッシャー・スクール学部長のクリスティン・プーン、副学部長のスティーブ・マンガム、人的資源管理学科主任のデビッド・グリーンバーガーは、この試みを強力に支援してくれた。ハーバード・ビジネス・プレスでは、ジャック・マーフィーの尽力で本書が世に出ることになり、キャスリーン・カーがその手腕を遺憾なく発揮してくれた。キャスリーンはとても有能な編集者であり、素晴らしい仕事をしてくれた。しかし、彼女が果たした役割はもっと大きい。キャスリーンは学者であり、同僚であり、こう呼ぶことが許されるなら、友人でもある。知性、経験、強靱な忍耐力を駆使して、成熟の途上にある作品を進化させてくれた。

そして最後に、私にいつもインスピレーションを授けてくれて、どんなときも支えてくれる妻のミリアムに感謝を捧げたい。

監訳者あとがき

本書『コピーキャット』は、Oded Shenkar, *Copycats: How Smart Companies Use Imitation to Gain a Strategic Edge*, Harvard Business Press, 2010の全訳である。

『コピーキャット』は、模倣についての常識を覆したという点で、数ある経営書の中でも異色の輝きを放っている。模倣というのはうわべだけを猿真似するのにとどまらない。見えない因果関係を推し量る知的な行為であり、創造性の源になると主張されている。

言われて「なるほど」と思えるこのメッセージは、イノベーションを信奉しているわれわれにとっては鮮烈に感じられるはずだ。

本書は、模倣の知性と創造性を認めたうえで、「いかにして模倣すればよいのか」ということを忌憚なく追求している。

著者のオーデッド・シェンカー教授は、異文化マネジメント研究の権威である。異なる地域や文化圏に知識やノウハウをいかに移転するかというテーマに取り組んで世界を股にかけて活躍している。

研究テーマは多岐にわたるが、その代表作の一つに〝Cultural Distance Revisited: Towards a More Rigorous Conceptualization and Measurement of Cultural Differences〟（二〇〇一年発表）がある。この論文は「国際経営学会」（Academy of International Business）において、この

一〇年間で最も影響力のあった論文（Best Paper of the Decade, 2011）として論文賞を受賞している。

この論文の中で、シェンカー教授は「文化的距離といっても、AにとってのBまでの距離と、BにとってのAまでの距離は等しいとは限らない」という、意外な真実を言い当てている。文化的な距離が非対称であるということは、製品・サービス、あるいはビジネスモデルの移転にかかる時間やコストも非対称であるということを意味する。これは実践的にも有益なメッセージである。

近年は『中国の世紀（*The Chinese Century*）』を出版するなど、中国企業について重点的に研究を進めているが、日本企業のマネジメントについても精通しており、本書においても日本の模倣ベースのイノベーションについて度々言及している。『エコノミスト』の取材でも日本企業の模倣について触れている。「アメリカの企業がイノベーションにとりつかれているのに対して、アジア企業は模倣が得意だ。パナソニックの先祖である松下電器産業は、『マネした電器』というあだ名を有しているぐらい模倣が上手だった」と語っている。

本書の位置づけ

経営学では、模倣についてさまざまな視点で研究が進められてきた。マーケティングの大家であるセオドア・レビット、経営史の権威のアルフレッド・チャンドラー、組織社会学で著名なポール・ディマジオなどがその代表である。

日本でも、学界を代表する経営学者たちが、模倣についての論文を発表している。たとえば、榊原清則（一九八〇）「模倣の組織論――事業部制採用行動の社会性」（『組織科学』一四巻二号）、Liberman, M. B., and Asaba, S. (2006) Why Do Firms Imitate Each Other? (*Academy of Management Review*, No.31)、藤本隆宏・葛東昇（二〇〇四）「疑似オープン・アーキテクチャと技術的ロックイン――中国二輪産業の事例から」（RIETI Discussion Paper Series、04-J-003）などがある。

海外のトップジャーナルでは、模倣を大量の観測値から統計的な手法を用いて実証する研究も盛んになってきている。

「模倣についての研究が切り開く道筋というのは『細い脇道』ではなく、実は『メインストリーム』なのかもしれない」。私が尊敬する権威は、こう語ってくれた。

しかし残念ながら、模倣に対して肯定的かつ正面から向き合っている研究はまだ少ない。模倣に対して肯定的な研究は、後発優位、あるいはベンチマーキングという言葉で濁している。逆に模倣という言葉を用いている研究は、少し距離を置いて模倣を眺めている。どのようにに模倣すればよいのかというマネジメント的な発想ではなく、なぜ模倣が生まれるのかというメカニズムの解明を志向している。

また、近年の競争戦略論では、模倣者をいかに防ぐかという議論のほうが目立つ。たとえば、マイケル・ポーターにしてもジェイ・バーニーにしても、模倣困難な経営資源を蓄積することの大切さを説いている。

しかし、本書『コピーキャッツ』は、「いかにして模倣するのか」「そのために必要な能力は何か」という視点でマネジメントのあり方を探求する。模倣を防ぐ側の知性ではなく、模倣する側の知性について語っている。サウスウエスト航空を模倣して成功を収めたライアンエアーを取り上げているのも、模倣者の知性を示すためだ。

実は、サウスウエスト航空というのは、マイケル・ポーターが模倣困難な仕組みとして紹介した典型例である。それが模倣されているというのは何と皮肉なことだろうか。模倣困難な仕組みでも、模倣は可能だとアンチテーゼを投げかけているのだから興味深い。これまで、模倣の創造性を説き、模倣を肯定して模倣に向き合った書籍が世の中に存在しなかっただけに本書は際立って感じられる。

このような感覚は、学界に属する人たちだけのものではない。実務界においても模倣がイノベーションを引き起こす、といったメッセージは衝撃的であった。原著は、世界一〇カ国で翻訳され、世界中のビジネスリーダーに関心を持って読まれている。中国では、中国語の翻訳書が出版されてからたったの二週間で「ウェイボー」のオンラインコミュニティーで八〇〇を超える書き込みがあった。

また、メディアにおける注目度も高く、『エコノミスト』や『ビジネスウィーク』に加えて、『フォーブス』『ボストングローブ』『ザ・ガーディアン』『アイリッシュタイムス』『チャイナデイリー』など、多くの新聞や雑誌で取り上げられている。

ドイツでは最近、インターネット上のコピーキャットへの関心が急激に高まったこともあ

り、新聞やオンラインマガジンで原著が話題になっている（たとえば、ドイツを拠点とする「ロケットインターネット」というインキュベーターは、アメリカの最新のネットビジネスを模倣してアジアやヨーロッパで展開、売却して利益を出している）。

学術的な啓蒙書としても高い評価を得ていて、『ハーバード・ビジネス・レビュー』誌は、「著者が、歴史からニューロサイエンスまで八つの分野におけるブレイクスルーを丹念に調べ上げ、模倣が進歩の源泉となっていることを見出した」と評価する。

経営業界以外からの関心も高く、著者のオーデッド・シェンカー教授は、ワシントンＤＣでアメリカ科学学会の冒頭の講演を依頼された。イタリアでは内閣の諮問委員会の委員として招聘された。トルコや他の国・地域でも模倣というテーマに対する関心が高く、同様の依頼を受けている。

対象とする読者

本書は、模倣について正面から、しかも前向きに向き合った類い稀なる経営書である。それだけに、模倣にかかわるトピックを幅広く網羅している。具体的には、製品・サービスレベルの模倣だけではなく、事業の仕組みとしてのビジネスモデルの模倣についても詳しく検討されている。また、競争に対応するための同質化や後発優位といった競争戦略だけではなく、模倣から生み出されるイノベーションまで扱っている。

整理のしかたも体系的である。模倣の手順をいくつかのステップに区分し、それぞれのス

テップで必要とされる模倣能力を提示している。また、模倣の戦略として、「どこを」「何を」「誰の」「いつ」「どのように」模倣すべきか、についての議論が深められている。

このような網羅性、そして体系性こそが本書の魅力である。そして、そうであるがゆえに、多様な読者にとって有用な書となるわけだ。監訳者として、本書は、ビジネスにかかわるすべての人々にとって有用だと考えているのだが、なかでも、ぜひ読んでいただきたいという読者は次の方々である。

まず、日々の競争に対応するために、ベンチマーキングしつつ製品やサービスの開発のためのヒントを探している方、競争戦略を立案する立場にある方々。とりわけ、これからビジネスモデルを考案しようという方にとっては、本書の発想、事例、ならびにフレームワークは必ず役に立つはずだ。

経営企画室や人事部という立場で、マネジメントや人事の制度や手法の導入を検討している人にとっても有用である。経営の仕組みについて模倣するというのは、決して珍しいことではない。本書を読めば、他から取り入れるときに注意しなければならないポイントが数多く記されている。

また、起業を志している方にもぜひ読んでいただきたいし、そのコミュニティーでも話題にしてほしい。起業家の方は、比較的素直に模倣の効用を認めてモデルを探す傾向にある。具体的に何をお手本にすべきかを突き詰めていくうえで、本書はこのうえなく有用である。

グローバルに新事業を立案したり、異なる国や地域に事業を展開しようとする方にも興味深